V 2647

24004

L'ART DE DESSINER PROPREMENT

LES PLANS, PORFILS,
Elevations Geometrales,
& Perspectives,

SOIT D'ARCHITECTURE
MILITAIRE OU CIVILE,

AVEC TOUS LES SECRETS
les plus rares pour faire les Couleurs
avec lesquelles les Ingenieurs representent les divers materiaux d'une Place.

Et la maniere de s'en servir dans les
veuës des Sieges, Campemens,
& autres morceaux de Paysage.

A PARIS,
Chez CHRISTOPHE BALLARD, seul
Imprimeur du Roy pour la Musique,
ruë S. Jean de Beauvais,
au Mont-Parnasse.

M. DC. XCVIJ.
Avec Privile e de Sa Ma'e é.

PREFACE.

TOus les Arts, de mesme que les Sciences, supposent des Principes, à la faveur desquels l'esprit & les mains s'estant comme donnez une nouvelle tourneure par une longue suite de repetitions, on se trouve enfin Maistre, de grossier Aprentif qu'on estoit. On ne peut donc se passer d'une longue pratique pour faire quelque progrés dans les Arts; mais celuy qui semble demander le plus tout le tems qu'un homme peut avoir à soy, c'est sans doute la Peinture; c'est une Maistresse jalouse qui ne peut souffrir qu'on la neglige, & qui reserve toutes ses faveurs pour ceux qui s'atachent le plus à la cultiver; cela se peut appliquer

PREFACE.

à l'Art de laver les Plans, qui est une espece de Peinture; car enfin il faut passer trois ou quatre ans à tirer des lignes pour faire un plan avec quelque justesse qui plaise à l'œil, & au lieu que dans toutes les autres especes de representer, l'esprit prend je ne sçay quel plaisir en voyant son ouvrage s'avancer, l'on ne trouve dans celle-cy que de la sécheresse de voir qu'on réüssit si mal dans les commencemens, une ligne d'ailleurs tirée sur une feüille de papier n'ayant rien d'assez touchant pour plaire à l'esprit; ce n'est que quand on est Maistre en cet Art que les lignes colorées forment un tout dont l'harmonie n'est pas moins agreable à la veuë qu'un morceau de peinture, où l'ordonance, les jours, les ombres & les passions de l'ame y sont dans toute l'expression possible; Celuy donc qui desire colorer proprement un plan d'u-

PREFACE.

ne Place, ou quelque Carte d'une marche d'Armée, de Bataille, d'un Campement ou d'une Banlieuë, a besoin d'avoir à tout moment devant les yeux le moyen dont il s'y faut prendre; Ce moyen est un Livre dans lequel trouvant le coloris dont il se doit servir pour donner la veritable expression à tout ce qu'il veut representer, il ne sçauroit manquer d'arriver à cette liberté de pinceau qu'il faut pour faire quelque chose de passable; c'est à quoy il parviendra en joignant un peu de patience à son inclination naturelle: Un Ouvrage ne peut avoir un air qui plaise à l'œil du Ministre ou d'un General, si par la douceur des teintes, par la dégradation des fuyans, par la vivacité des lignes si c'est un plan, en un mot par un lavis bien entendu, il n'est dans cette harmonie de regularité qui impose dans le moment.

PREFACE.

Il faut donc avant tout sçavoir tirer des lignes, sçavoir de quel coloris elles doivent estre pour exprimer certaines pieces ; car enfin si pour laver un Parapet de Maſſonnerie on se servoit d'une autre couleur que du Carmin clair & finy entre deux lignes de Carmin, l'exterieure délicate & l'interieure plus ſignifiée, on ne seroit point entendu, car si c'estoit avec de l'Encre de la Chine, cela l'indiqueroit estre de gazon ; il en est de mesme de toutes les autres pieces de la Fortification, chacune ayant sa couleur déterminée, par le moyen de laquelle un ouvrage qui n'est qu'en lignes comme sont tous les Plans, donne une idée parfaite des materiaux dont le sujet qu'il represente est composé.

Afin que tous ceux qui s'apliquent au Deſſein (les éleves pour s'instruire & les sçavans pour en soulager

PREFACE.

leur memoire) en puiſſent tirer des avantages tels qu'ils le peuvent deſirer, nous avons fait trois differentes ſortes de lavis, celuy des Plans, celuy de la Perſpective Cavaliere ou Geometrale, dont preſque tous les Ingenieurs ſe ſervent, & celuy de la Perſpective qui exprime les fuyans, par la dégradation des teintes qui eſt celle des fameux Peintres, & des veritables ſçavans.

Ce Livre eſt conſtruit en forme de Dictionaire, tout y eſt rangé par ordre alphabetique; ainſi devroient eſtre tous les Livres des Arts, dont la Table fait ſouvent le tiers de l'ouvrage, ce qui eſt incommode quand on a beſoin à tous momens de chercher les mots, & ce qui ne ſe rencontre point icy, où d'abord on a ce que l'on demande.

Ceux qui ne ſont point accoûtumez à adoucir avec le bout d'un pinceau

PREFACE.

sec., & à faire perdre insensiblement la teinte dans le fond du papier, auront au commencement quelque peine; mais après avoir gasté quelques feüilles de papier, ils verront combien on abrege du chemin lorsqu'on a devant soy la regle qui détermine le coloris, & la maniere dont il s'y faut prendre.

On donne tous les Secrets dont les Ingenieurs se servent pour les couleurs liquides & pour les encres soit avec des noix de galles ou sans noix de galles, afin que ceux qui ne seront point dans des lieux où l'on trouve de tout, puissent n'estre point arrestez, tant pour un beau lavis que pour tirer des lignes qui fassent un bel effet à l'œil.

Cela d'ailleurs n'est point inutile, puisque les encres ordinaires ont trop de couperose, & souvent trop de gomme dans leur composition, ce qui fait

PREFACE.

que la plume coule mal avec cette derniere, & le deſſein avec l'autre a un air de dureté qui déplaiſt d'abord à la veuë.

L'Encre de la Chine a un défaut, c'eſt que quand on a tiré des lignes & que l'on veut laver par deſſus, ces lignes s'effacent & ſe dentellent; nos compoſitions d'encre n'ont point ce défaut, reſtant fixes ſur le papier, à l'épreuve du lavis quel qu'il ſoit.

On peut dire que cet Art eſt la veritable enlumineure, bien differente & bien élevée au deſſus de celle dont on ſe ſert pour les Eſtampes, qui auroient bien d'autres graces à l'œil ſi elles eſtoient colorées par noſtre maniere.

Les Dames de qualité qui ne veulent point s'attacher entierement au Deſſein, ont icy le moyen de s'occuper agreablement; cela n'eſt point nouveau, il eſt une Province en France

PREFACE.

où elles se plaisent à cet exercice, qui n'est pas moins innocent qu'il est agreable; leur Cabinets sont remplis de leurs Ouvrages, & elles ont cette satisfaction de voir & de montrer des productions de leur esprit & de leurs mains.

On peut au commencement travailler sur de mauvaises Estampes pour se faire la main, & travailler sur les plus belles dés que l'on sera assuré de ne point donner des coups à faux; c'est un des plus courts & des meilleurs moyens aux jeunes gens pour leur donner le bon goust, & pour les mener à la perfection du dessein, afin que les bons morceaux & leur belle maniere s'impriment dans leurs esprits, & y laissent des traces de perfection sur lesquelles leur imagination se forme, quand il est question de travailler en suite sans modelle.

Voila donc à peu prés tout ce qu'on

PREFACE.

a cru devoir dire, on souhaite que la jeunesse veuille s'attacher à ce noble exercice, qui est sans difficulté le divertissement le plus honneste & à mesme tems le plus propre à tenir l'esprit éloigné de toutes les semences des vices, ausquels nous ne sommes que trop enclins par nostre propre nature, & par l'indolence où nous plongent les charmes trompeurs de l'oisiveté.

EXTRAIT DU PRIVILEGE.

Par Privilege du Roy, donné à Paris le 12 Juin 1697. Signé, MORET, & scellé; Il est permis à Christophe Ballard, seul Imprimeur du Roy pour la Musique, d'imprimer ou faire imprimer un Livre intitulé, *L'Art de dessiner proprement les Plans, Porfils, Elevations Geometrales, & Perspectives, soit d'Architecture Militaire ou Civile: Avec tous les Secrets les plus rares pour faire les Couleurs avec lesquelles les Ingenieurs representent les divers materiaux d'une Place, &c.* en tels volumes, marges, caracteres, & autant de fois que bon luy semblera, pendant le temps de douze années entieres, à commencer du jour qu'il sera achevé d'Imprimer: Sa Majesté faisant deffences à tous Imprimeurs & Libraires, & autres personnes de quelques qualitez & conditions qu'ils soient, d'imprimer ou faire imprimer ledit Livre, ny mesme d'en vendre de contrefaits, sans le consentement dudit Ballard, ou de ses ayans cause, à peine de trois mille livres d'amende, confiscation des Exemplaires contrefaits, & de tous dépens, domages & interests; le tout ainsi qu'il est plus au long porté par ledit Privilege.

Registré sur le Livre de la Communauté des Libraires & Imprimeurs de Paris, le 15. Juillet 1697. Signé, P. AUBOÜYN, Sindic.

Achevé d'Imprimer pour la premiere fois,
Le 22. Juillet 1697.

Les Exemplaires ont esté fournis.

L'ART
DE DESSINER
ET LAVER
L'ARCHITECTURE
MILITAIRE
ET CIVILE.

A.

ABAQUE ou Tailloir: C'étoit chez les Romains un ais quarré qui servoit à écrire des chiffres à compter, il signifie aussi une petite table qui servoit de buffet; en Archi-

A

tecture, c'est la partie du chapiteau appellé *Tailloir*, qui ressemble parfaitement à une *assiette* des Anciens qui autrefois estoit de bois & de forme quarrée sur quoy on tailloit les viandes : S'il faut le marquer dans un plan, on le dessinera par des lignes d'encre de la Chine, remplissant le cercle qui marque l'épaisseur de la colonne avec du noir pur: Si le Tailloir doit estre marqué en élevation géometrale, & si c'est un projet, on le dessinera avec de l'encre de la Chine, lavant le fond du papier d'une teinte claire de gomme-gutte: Quand il faudra le dessiner dans un ouvrage de de perspective, servez-vous alors du coloris de l'Architecture. Voyez *Architecture*.

ABBATIS, ou démolition, c'est avec de l'encre de la Chine par des traits entre-coupez avec le pinceau, que l'on en représente les ruines, finissant avec la même couleur; on peut se servir encore d'indigue, lavant du costé du jour avec de la gomme-gutte, observant de toucher d'une teinte foible tout ce qui doit paroistre éloigné. Lorsque l'on aura à représenter dans un plan, une bréche, des ruines, ou l'empatement d'une fondation; Si la chose doit paroistre sensible, c'est avec des zero les uns prés des autres que l'on les dessinera, donnant des coups de pinceau par-cy par-là avec de l'encre de la Chine, sur tous les zero du costé de l'ombre; quand l'ouvrage sera en petit, c'est par des points serrez prés à prés à la plume, que l'on en exprimera le relief.

ABREUVOIR. Lorsque dans quelque plan d'Architecture militaire il faudra le marquer, servez-vous pour en exprimer l'eau d'un lavis de couleur d'eau, dont nous donnons la composition à la fin de ce Livre; S'il est bordé d'Architecture, comme c'est un plan il faut tirer une ligne de carmin qui en exprime le contour, que l'on lave de gomme-gutte claire, si l'on veut donner à connoistre que c'est un projet; Si l'eau qu'on veut representer estoit mouvante, on en exprimera le cours par de petits traits d'indigue, lavant de la mesme couleur, & finissant depuis les bords vers le milieu, où le blanc du papier doit paroistre sans couleur, la teinte diminuant peu à peu, jusqu'à ce qu'elle se perde dans le fond du papier. S'il y a un bord de vase ou de terre sablonneuse, on lavera de bistre, meslé d'un peu de vermillon, adoucissant en approhant de l'eau; Lorsque l'Abreuvoir se trouvera dans un ouvrage d'Architecture, on le dessinera & on le lavera avec le coloris qui luy est propre. Voyez en ce cas *Architecture.*

ACCOUDOIR. On le marquera dans un plan d'Architecture civile avec des lignes d'encre de la Chine, remplissant l'entre-deux de noir pur; on lavera le fond du papier d'une teinte claire & égale par tout de gomme-gutte; sur tout si c'est un projet, il faut le dessiner en élevation géometrale ou perspective, voyez *Architecture;* Et si on doit le representer de bois, c'est avec du bistre bien clair dans le jour, observant d'exprimer les fuyans par attendrissement de teintes, à mesure que l'on s'éloignera du bas du tableau.

ACHANTE, feüilles d'achante, ornemens du chapiteau Corinthien & composite. Lorsque ce sera en profil, on le marquera par un trait d'encre de la Chine fort délié, lavant d'une teinte claire de carmin, ou de gomme-gutte, si c'est un projet. Lorsque le chapiteau sera sur la colonne, il faut alors le dessiner & laver comme tout l'ouvrage.

ACROTERES : terme dérivé du grec, qui signifie toutes les extrémitez des corps, en Architecture ce sont les trois figures, ou vases que l'on place sur les trois angles du fronton : On les dessinera en élévation geometrale avec de l'encre de la Chine lavant de la mesme couleur ; Si l'ouvrage est en perspective. Voyez *Architecture*, pour vous servir du coloris qui lui est propre.

AFFÛT d'Artillerie, s'il se rencontre qu'on doive le marquer en grand, deſſinez-le avec des lignes d'encre de la Chine, les interieures plus fortes, lavant ſur le tout de gomme-gutte d'une teinte claire & égale, en couchant à la haſte & à grands coups de pinceau: Si l'on veut qu'il paroiſſe eſtre de de bois, il faut alors laver avec du biſtre clair dans les jours, plus fort dans les ombres, le tout fort tendrement. La ferrure, c'eſt à dire les clous, les bandes, &c. ſe deſſineront & ſe laveront avec de l'indigue.

ALLE'E de jardin, & generallement tout ce qui borde, & termine quelque compartiment, comme les platte-bandes, bordures & broderies, ſe laiſſent toutes blanches, lorſqu'elles ſont repreſentées dans un plan; Si elles doivent l'eſtre dans un ouvrage de perſpective, il faut embrunir tout

A iiij

ce qui s'éloigne du bas du tableau, pour en exprimer les distances, ce qui se fait en embrunissant à mesure que l'on s'éloigne de la base de tout l'ouvrage : Lorsque nous disons embrunir, ce n'est point par tout avec une mesme couleur ; mais avec celle qui est propre à chaque sujet representé dans le tableau.

AIRE: surface ou superficie : Dans les plans d'Architecture militaire, on l'exprime en épargnant le fond du papier, que l'on lave, quand c'est un projet, avec une teinte de gomme-gutte, & avec du verd d'iris, s'il y a necessité de marquer un gazon ; dans les plans d'Architecture civile, c'est avec le fond du papier comme cy-devant ; mais le massif de l'Architecture se couche toûjours de noir pur également par tout ; Voyez *Planche l'une & l'autre Architecture.*

premiere A. Quelques-uns jettent un lavis clair de gomme-gutte sur le tout, ce qui ne fait pas un mauvais effet: Gardez-vous de toucher avec de la gomme-gutte les endroits lavez d'encre de la Chine, à moins que ce ne soit en passant d'un seul coup de pinceau, car ces deux couleurs sont antipatiques; il faut laver plutôt de gomme-gutte qui souffre l'encre telle qu'elle soit quand la teinte est séche; mais l'encre ne souffre point la gomme-gutte, lorsque l'Aire se trouvera estre un sujet en perspective, comme une terrasse, un estage d'édifice, ou le parquet d'une salle, c'est avec le coloris propre à chaque sujet. Par exemple, si l'Aire est de bois, c'est avec du bistre meslé d'un peu de vermillon, ombrunissant avec une teinte plus forte à mesure que l'on exprimera le lointain; Si c'est un pavé de marbre ou de pierre, voyez *Architecture*.

AME d'une piece d'Artillerie: C'est ce qu'on appelle dans un fusil le calibre; ou, pour mieux dire, c'est le moule qui sert à former la cavité d'un canon, quand on le jette en métail : Si vous avez à l'exprimer en dessein, c'est par deux lignes d'encre de la Chine tres-deliées & tirées paralleles, depuis la lumiere jusqu'au bout de la piéce; quelques-uns la marquent par deux lignes ponctuées au lieu de les tirer vives : Il faut remarquer que la piéce se représentant en plan, on lave le fond du papier de gomme-gutte, laissant la piéce, ou pour mieux dire, son plan tout blanc; lorsque l'ouvrage sera de perspective, si la piece est de fonte verte, on la dessinera avec du verd d'iris meslé de bistre, rendant la teinte plus forte pour ombrer; Si l'on veut qu'elle paroisse estre de fonte jaune, c'est avec de la pierre de fiel qu'on dessinera & qu'on lavera, mêlant du bistre dans cette couleur qui seroit trop vive d'elle-mesme.

ARAGNÉE de mine. C'est la route que trace le mineur par plusieurs détours, afin que le feu fasse mieux son effet. Ce soûterrain se marque par une traînée de points serrez également, & avec propreté, jusqu'au fourneau, où le mineur place les barils de poudre: On remarquera que les points de carmin sont pour marquer la route dans les murailles, & ceux d'encre de la Chine pour marquer un chemin soûterrain: Lorsque le plan sera assez grand, on tirera au lieu d'une ligne de points, deux lignes ponctuées paralleles, dont l'entre-deux marquera la route du mineur; sur le tout il ne faut pas oublier un lavis de gomme-gutte.

ARCENAL. C'est un magazin de tout ce qui est propre à la guerre; les murailles de son enceinte s'exprimeront par un gros trait de carmin, lorsque l'ouvrage sera un plan. Si l'on fait le plan d'un Arcenal tout seul, il faut alors dessiner toutes les épaisseurs de murailles avec du carmin, la ligne interieure un peu plus forte que l'exterieure, lavant d'une teinte claire de carmin dans l'entre-deux, pour marquer le massif des murs; c'est ainsi que les Ingenieurs le font, n'oubliant pas une teinte de gomme-gutte sur le fond du papier. Si c'estoit un Architecte, il marqueroit toutes les épaisseurs des murs de noir pur. Lorsque les murs se

l'une & l'autre Architecture. 15

trouveront en élevation géometrale ou perspective, il faudra marquer les sises de brique par des traits de vermillon qu'on tire horisontalement ; Pour les sises de mortier, on épargne le fond du papier ; Si la muraille à dessiner doit estre en sise de pierre, Voyez *Architecture.*

ARBRES. Quand on voudra en rner un plan, il faut les dessiner ar un ovale d'encre de la Chine, mbrant d'un trait fort avec le pinceau du costé de l'ombre, ou bien les hacher à la plume à la maniere des Graveurs, ce qui ne se pratique guere qu'en estampe ; Si l'on veut que l'ouvrage paroisse davantage, on dessinera les arbres avec du verd d'iris, ombrant de mesme avec un peu de bistre, & si l'on veut rehausser, c'est à dire donner un coup clair du costé du jour, c'est avec de la gomme-gutte, & du verd de veſſie mêlez enſemble: Lorſque l'ouvrage ſera de perſpective, les arbres qui ſeront ſur le bas du tableau, ſe deſſineront de biſtre & du verd d'iris ou de terre de Lombardie, pour les tiges & branches; pour les jours on rehauſſera ſur le blanc du papier avec de la gomme-gutte & du verd de veſſie, & pour deſſiner & ombrer avec du verd de veſſie & du biſtre meſlez enſemble, embruniſſant pour exprimer les fuyans, & donnant des coups forts dans tout ce qui doit aprocher; Il faut remarquer que ſi l'on ne donne point l'expreſſion de rondeur à un arbre, qu'il n'a point du tout de grace, ce qui s'apprend par imitation ſur des morceaux bien exécutez, & en oppoſant l'ombre forte aux grands jours; ce qui doit paroistre avancé s'exprimera par une couleur sensible, comme de la gomme-gutte meslée avec le verd de vessie, meslant du bistre pour ombrer & pour embrunir du côté de l'ombre : On peut encore ombrer dans le plus sensible avec du verd d'iris & du bistre meslez ensemble, donnant sur-tout pour les tiges & branches des coups d'encre de la Chine dans l'ombre, qui doit toûjours estre plus claire que l'ombrage quand le Soleil est sans nuages.

Arbres des lointains : Couchez fort clair avec un peu d'indigue fini de même couleur, & le tout fort tendrement, on rehausse avec un peu de verd d'iris meslé avec du bleu dont nous donnons la composition, lavant & finissant bien tendrement ; Les fueillages se dessineront par monceaux hachez, ou pointillez lavant les plus prés avec de la gomme-gutte & l'indigue dans les jours, ombrant d'indigue & de biſtre dans les ombres; Si l'on veut marquer certains arbres bizarres par-cy par-là, comme ceux qu'on voit vers la fin de l'Automne, dont les feüilles ſont rougeâtres, on ſe ſervira du vermillon avec beaucoup de biſtre ombré de biſtre pur, ce qui ſe doit entendre pour le plus prés du regardant.

ARMET à l'antique: On le deſſinera avec de l'indigue, ombrant avec la même couleur; les clous & les autres ornemens dorez s'exprimeront avec de la pierre de fiel, ombrant avec du biſtre: Il faut prendre garde à bien marquer le brillant du métail par un grand jour oppoſé au réflet de l'ombre; ce qui ſe fait en épargnant le fond du

l'une & l'autre Architecture. 17

du papier, & ce qui sera facile à ceux qui auront quelque teinture de perspective, ou qui voudront imiter quelque morceau bien touché.

ARMÉE en bataille; Lorsque l'on la voudra representer seulement en un dessein icnographique, c'est à dire en plan, les bataillons & escadrons s'exprimeront par des quarrez longs d'encre de la Chine, dont l'un des grands costez fera face à l'ennemy, lavant bien tendrement avec de l'indigue: Au cas que dans le plan on veuille representer deux armées opposées l'une à l'autre, l'une se lavera de carmin, & l'autre d'encre de la Chine, ou d'indigue. Si les armées enfin doivent estre exprimées en figures, les piques & mousquets se desineront avec de l'indigue, les Soldats avec de l'encre de la Chine; les escadrons s'exprimeront de même, à la réserve des chevaux qu'il faudra dessiner, les uns d'encre de la Chine, les autres avec du bistre, tantost plus clairs, tantost plus bruns, ne faisant jamais les escadrons de plus de trois rangs, & plaçant toûjours les piques dans le centre des bataillons. Enfin il faut observer la dégradation des teintes, qui doit concourir, avec l'expression des distances ou coupes fuyantes.

Appuy. Voyez *Accoudoir*.

Arbaletiers, pieces de charpente ; Si vous voulez les dessiner en plan, c'est avec de l'encre de la Chine, lavant de mesme, ou bien avec du bistre lorsque c'est en grand ; Lorsque la charpente sera élevée, dessinez & lavez de bistre, ou selon le coloris de tout l'ouvrage.

ARESTES, vives Arestes : ce sont toutes les encoignures où les carnes des solives & autres pieces équaries ; Il faut les exprimer par des lignes tres-déliées d'encre de la Chine ; ou de bistre lorsque l'ouvrage est en grand, lavant en suite avec du bistre clair.

APROCHES, tranchée d'aproproche : Le boyau se marque par deux lignes d'encre de la Chine, la plus forte du côté de l'ennemy, lavant de ce mesme côté avec de la gomme-gutte d'une teinte assez vive.

ANTES, pieds droits & pilastres, se dessinent & se lavent de même que les colonnes. Voyez *Architecture*.

ARCHITRAVE, piece qui repose sur les chapiteaux des colonnes, dont l'office est de soutenir l'entablement : S'il faut l'exprimer de pierre ou de marbre, voyez *Architecture*; s'il faut qu'elle paroisse en bois, servez-vous du bistre pour dessiner & pour ombrer, & c'est au cas que tout le reste doive paroître dans son expression de couleur naturelle.

ARTIFICE. Lorsqu'on voudra le representer enflamé, c'est avec de l'indigue qu'on le dessinera, lavant de massicot & de vermillon par-cy par-là pour exprimer les jours & la flame: La fumée se marque avec de l'encre de la Chine, de l'indigue, & un peu de vermillon.

ARESTIERS, pieces de charpente placées au haut d'un comble. Dessinez, si l'ouvrage est grand, avec du bistre, lavant de la même couleur, & toûjours plus clair, plus la piece est exhaussée.

AUBIER, c'est cette seconde

corce qui envelope le cœur de
'arbre ; Lorsque la coupe de l'arbre paroist de front, on l'exprime
ar une teinte claire de bistre, forant un cercle dans son épaisseur,
ayant plus fort le cœur de l'arbre;
orsque ce sont de certains enroits que l'équarissage ou le sciae ont laissé, il faut en marquer
es veines en épargnant le fond
du papier, ou en lavant de bistre
ien clair.

Arbustes, comme orangers,
ieds d'ifs, de houx, &c. Dessinez-les avec du verd d'iris, mêlant
du bistre pour les pieds & pour les
ombres ; vous servant de couleur
d'eau & de gomme-gutte meslez
ensemble pour les jours. On peut
core se servir du verd de vessie à la
place de la couleur d'eau, plus ou
moins, pour faire differens verds
que la nature forme dans les ar-

ARGENT. On l'exprime av[ec] de l'indigue pour ombrer; le fon[d] du papier marquera le métail.

ARC-EN CIEL. Il se dessine selon les bandes de couleur, l[e] rouge avec une teinte claire d[e] carmin ou de vermillon, fini d[e] pierre de fiel, le bleu se fait ave[c] de l'indigue, ou du bleu dont nous donnons la composition à la fin de ce Livre; le verd se fera avec de la couleur d'eau, les teintes sur tout fort claires du côté du jour, & plus sensibles du côté de l'ombre[.]

ANCRES de navire & de galere, &c. le fer s'exprimera avec de l'indigue, lavé de la même couleur, & le travers de bois, qui sert à former l'équilibre, afin que le fer touche au fond; Si l'on veut le représenter à sec sur le pont d'un vaisseau, c'est avec du bistre; S'il paroist sur le flot, on lave d'indi[gue] l'une & l'autre Architecture.

e du côté du jour, & de bistre
ns l'ombre.

ATTACHE, lieu où l'on travail-
à la terre dans l'encavation d'un
ssé, ou dans une rampe de gla-
. Il faut dessiner les témoins &
encavations avec du bistre, lais-
t l'aire ou surface tout blanc :
n donnera quelques coups de
rd d'iris par-cy par-là, pour mar-
uer des morceaux de pelouse, y
sant quelques teintes rougeâ-
res, avec du vermillon & du bi-
re pour varier l'expression du
errain.

A ... étançons, poteaux à
outenir un edifice qui menace de
uine, ou pour servir à blinder une
fondation de maçonnerie; ou bien
pour soutenir un berceau que l'on
construit. On les dessinera d'encre
de la Chine, & on les lavera avec
du bistre. S'ils doivent paroître

sous la cavité d'un berceau, alors il faut les embrunir à proportion qu'ils sont dans le lointain, & en attendrir l'ombre à mesure qu'elle s'éloigne.

ARTIMON, petit mast qui est à la prouë d'un bâtiment : On le dessinera avec de l'encre de la Chine, & on le lavera avec du bistre: Les voiles & cordages se dessineront & se laveront avec de l'indigue.

ARMOIRIES, ou blasons: Les quatre métaux ou couleurs; le rouge de gueules s'exprimera avec du vermillon ombré de carmin; Le sinople, avec du verd d'iris ombré en y meslant du bistre; L'azur se marquera avec de l'indigue ombré de la même couleur, mettant teinte sur teinte du côté de l'ombre; Le pourpre se fera avec du carmin mêlé avec un peu de biſtre dans l'ombre, ou du carmin tout ſeul ombrant de même; Le ſable s'exprime avec de l'encre de la Chine; L'argent avec le fonds du papier, ombrant avec de l'indigue; Et l'or avec de la pierre de fiel, y meſlant du biſtre pour ombrer; Les fourures ſe font en imitant le naturel.

Architecture de pierre & de marbre, ſe deſſinera avec de l'encre de la Chine, finiſſant avec la même couleur, ſur tout quand c'eſt dans une élevation geometrale, donnant une teinte claire de carmin ſur l'ouvrage quand tout eſt fini (*Voyez planche 1. B.*) Si elle eſt en perſpective, on ſe ſervira pour deſſiner & pour laver de l'indigue meſlé avec du biſtre. (*Voyez planche 1. C.*) Quand c'eſt quelque vieille maſure, on fait un coloris qui en exprime la

C

bizarerie, tantôt avec de la gomme-gutte & de l'indigue, & tantôt avec de l'indigue clair, ombrant de bistre & d'indigue mêlez ensemble ; quand l'Architecture est de bois, on dessine avec du bistre mêlé d'un peu de vermillon, & on lave de même y mêlant un peu du verd d'iris.

Architecture ; si c'est un plan d'une place, il faut tirer la massonnerie avec des lignes de carmin, l'interieure plus forte, lavant l'entre-deux avec une teinte claire de carmin qu'on fait perdre en adoucissant vers la ligne exterieure (*Voyez planche 2. B.*) dont les parapets de cette Place sont lavez de carmin ; mais les lignes sont noires, n'estant pas possible en estampe de les faire rouges : Le lavis distinguera toûjours assez comment il s'y faut prendre : Celles de gazon se trouveront telles qu'il les faut, puisqu'elles doivent estre noires, lavant dans l'entre-deux avec une teinte claire d'encre de la Chine, (*Voyez planche 2.* C.) dont les parapets & ramparts des demi-lunes sont de gazon.

On peut en grand marquer les endroits gazonnez avec du verd d'iris, ce qui ne se pratique gueres, à moins que ce ne soit dans quelque profil. Lorsque vous aurez quelque morceau à faire en élevation géometrale, c'est avec son coloris propre, ainsi *Voyez* Arcenal, *& la planche* 1. B. Dans un dessein en perspective, si l'ouvrage doit estre représenté de pierre, *voyez* Architecture *pour son coloris*, & marquez les sises de pierre par des lignes tres-déliées d'encre de la Chine, n'oubliant point d'exprimer les fuyans par affoiblissement de teintes. *Voyez planche premiere* C.

Arceau se dessine dans un plan d'Architecture militaire par des lignes ponctuées en perspective comme tout le reste de l'édifice, en marquant par des lignes tres-déliées les sises de pierre ou les lits de douelles ou de joints, si c'est en berceau.

Arc, s'il est doré, voyez *or*; s'il est de bois rougeâtre, dessinez & lavez-le avec du bistre & du vermillon meslez ensemble.

Anse de panier, espéce de berceau, d'arceau ou de rampe. Dessinez d'encre de la Chine, & finissez avec le coloris de l'Architecture.

Avenuë. *Voyez* Allée.

Amorce. C'est à une piece d'artillerie qu'on veut tirer sans traînée, un morceau de potiron préparé & sec qu'on allume, lequel venant à estre enflamé donne feu à la lumiere du canon; on s'en sert encore à mettre le feu aux mines.

Abouts. Sont les extrémitez d'une piece de bois quelle qu'elle soit; on les laisse ordinairement tout blancs en lavis.

B.

BAc, Batteau de passage: Déssinez d'encre de la Chine, & lavez de bistre; dessinez & lavez la ferrure d'indigue & les cordages, s'il y en a, de même: La riviere se dessinera d'indigue clair, & se finira en faisant perdre la teinte dans le fond du papier du costé opposé au regardant, & faisant des traits par ondes pour en marquer le cours, aprés que le tout est fini.

Bacquet à maſſonner : On le deſſine d'encre de la Chine lavant de biſtre ; s'il eſt plein de mortier, il s'exprime avec le fond du papier ombrant d'indigue & de biſtre.

Bistre, c'eſt de la ſuye préparée. Voyez à la fin comme il ſe fait.

Bourriquet, eſpece de tour ſervant à monter & à deſcendre les matereaux en bas d'une muraille : On le deſſine d'encre de la Chine, & on le lave de biſtre ; la ferrure ſe fait d'indigue auſſi-bien que les cordages : Pour les mânes ou paniers, on les deſſine avec du biſtre, rehauſſant de gomme-gutte, s'ils ſont de canes ; & s'ils ſont d'ozier, on en épargne le fond du papier.

Bacules ou baſcules, on les lave de biſtre, aprés les avoir deſſinées d'encre de la Chine : La ferrure ſe fera d'indigue ; les chaines se font de même que la ferrure, en dessinant bien les anneaux.

Bassin de jet-d'eau: On le lavera de couleur d'eau, le jet d'indigue.

Bain en plan se fera de même que l'abreuvoir : En perspective, l'Architecture doit être selon le coloris de l'édifice ; & l'eau, si elle est dormante, se marquera de couleur d'eau bien fini, en confondant la teinte dans le fond du papier en s'éloignant du bord ; si l'eau est coulante, on la marque avec de l'indique ; s'il y a des cascades & des napes d'eau, on les dessine de même.

Bois : Tout bois se désine avec du bistre, mettant tantôt du vermillon & tantôt du verd d'iris, ou du noir pour faire divers coloris.

Boutans, sont des pieces de bois qui font en charpente ce que les arcs-boutans font en maçonnerie ; ils se dessinent d'encre de la Chine lavant de biſtre.

Bouton, moyeu de chariot: Deſſinez-le d'encre de la Chine, & lavez-le de biſtre, ou tout noir, s'il eſt godronné.

Baye: *Voyez* Port de mer.

Balancier de fer ſe deſſine d'encre de la Chine, & ſe finit d'indigue.

Balcon d'Architecture, ſe déſigne avec de l'encre de la Chine, & ſe finit d'indigue. *Voyez* Architecture. Si c'eſt de bois, lavez-le de biſtre, & rehauſſez-le de gomme-gutte.

Balustrade, Baluſtres: Si c'eſt d'Architecture, deſſinez-la proprement avec de l'encre de la Chine, avec toutes leurs moulures & leurs vrais contours ; le reſte comme nous venons de dire du Balcon. *Voyez planche 2.* A.

Banc, s'il eſt de marbre blanc,

épargnez le blanc du papier deffinant & ombrant d'indigue ou de l'encre de la Chine fort tendre : Il faut faire ainfi de tout ce qui eft en marbre ; s'il eft de bois, c'eft avec le coloris du bois.

BARQUE, *Voyez* BAC.

BARRIERE fe lavera de biftre, eftant deffinée avec de l'encre de la Chine ; Si elle eft ferrée, la ferrure s'exprime avec de l'indigue & avec du vermillon & du biftre ; fi elle eft peinte de rouge, c'eft avec le même coloris qu'on marque les garde-fous des ponts.

BASE de colonne en plan : Définez d'encre de la Chine, finiffant du coloris de l'Architecture ; fi elle eft en élévation géometrale ou perfpective, fervez-vous du coloris de la colonne ou de la figure qui eft deffus.

BASILIQUE, ou Eglife : Si elle eft

en plan, tirez vos lignes d'encre de la Chine, rempliſſant les épaiſſeurs de noir, c'eſt pour l'Architecture civile: Si elle ſe rencontre dans un plan militaire, on tire les murailles de carmin & on lave de meſme, en mettant une croix de carmin pour déſigner que c'eſt une Egliſe; Si elle eſt en élevation géometrale, ou perſpective, ſervez vous du coloris de l'Architecture; ſi elle eſt de brique, *V*. ARCENAL.

BAGAGE ſe deſſine d'encre de la Chine, lavant de biſtre, avec une teinte claire de carmin ſur le tout.

BANQUETE de chemin couvert ou de parapet: Deſſinez en plan par des lignes de carmin, l'interieure plus ſignifiée, lavez l'entre-deux de carmin, ſi c'eſt de pierre ou de brique; ſi elle eſt de gazon, tirez les lignes d'encre de la Chine, & lavant de même: Si c'eſt en projet, cou-

l'une & l'autre Architecture. 35

chez sur le tout une couche claire de gomme-gutte; si c'est en perspective, lavez de verd d'iris étant de gazon; & d'indigue ou de carmin clair, si c'est de pierre ou de brique.

BATTEAU: Dans un plan, il sera lavé d'encre de la Chine, dessiné de même, & fini depuis le bord intérieur allant vers le milieu, de bistre, faisant perdre la teinte dans le fond du papier, en adoucissant avec un pinceau sec; c'est ainsi qu'il faut laver toutes les escavations & profondeurs.

BALANCES, si les bassins sont de cuivre doré, c'est avec la pierre de fiel ombrant de bistre les cordons, de la couleur qu'on veut: L'examen & le fleau seront dessinez & finis d'indigue.

BASTION en plan: Si c'est en grand pour un dessein de nouvelle construction, tirez de grosses lignes d'encre de la Chine, lavez de même, remplissant les épaisseurs d'une teinte noire, & passant sur le tout une teinte de gomme-gutte; S'il y a de la Maſſonerie à exprimer avec du gazon, alors le carmin sert pour l'un, & l'encre de la Chine pour l'autre, les soûterrains se dessinent par des lignes ponctuées; Si le Bastion est géometral, il en faut marquer l'élévation avec des lignes d'encre de la Chine, & dessiner les briques avec du vermillon, comme nous avons dit cy-devant à Arcenal. S'il est de pierre, servez-vous du coloris de l'Architecture, observant bien d'exprimer les fuyans avec tendresse; si c'est en perspective réguliere. *Voyez planche* 2. A.

BUTTE, Motte de terre : Il faut en marquer l'élévation dans

un plan par des lignes d'encre de la Chine lavant de biſtre, ſi c'eſt de terre remuée; ſi elle eſt de gazon ou de brouſſaille, lavez de verd d'iris, & du biſtre pour ombrer, en deſſinant ſelon le naturel; lorſque la Butte ſera grande en forme de montagne, on lavera d'indigue bien clair y mettant par-cy par-là des zero grands & petits, pour exprimer les arbres & les brouſſailles, donnant des coups forts pour ombrer avec la meſme couleur.

BATTERIE : En plan, les lignes ſe tireront d'encre de la Chine, l'interieure plus ſignifiée que l'exterieure: Les madrieres ſeront lavez de biſtre, leurs joints marquez par des lignes tres-déliées, les clous & les bandes de fer ſe deſſineront & ſe laveront d'indigue; ſi la Batterie eſt élevée, le parapet & le révêtement de gazon ſeront marquez par une teinte de verd d'iris, la platte-forme de biſtre, les embraſures lavées plus fortes que le parapet, pour en exprimer mieux la cavité.

Berme ſe fait toute blanche ou de gomme-gutte, quand le plan en eſt lavé; ſi elle eſt de maſſonnerie, ce qui eſt bien rare, faites-la de carmin clair, & lavez-la de la meſme couleur.

Blindes, ſont des planches propres à ſoûtenir en appuyant, on en met aux fondations pour empêcher l'ouvrage de pouſſer; On les lave de biſtre les ayant auparavant deſſinées avec de l'encre de la Chine.

Bois: Lavez & deſſinez dans un plan avec de l'encre de la Chine, donnant des coups forts du coſté de l'ombre, en topographique lavez-les d'indigue, ſi c'eſt sur des montagnes; mais en raso campagne deffinez du verd d'iris, & ombrez de biftre : Le clair fera lavé de couleur d'eau meflé avec un peu de gomme-gutte.

Batardeau : S'il eft de maffonnerie dans un plan, il fera lavé de carmin ; en élevation on le lavera par traits de vermillon, pour marquer les briques, comme nous avons dit d'Arcenal. S'il faut les repréfenter dans l'ombre de quelque face de Baftion, on fera de mefme des traits pour exprimer les briques, mais avec du biftre & du vermillon.

Bombes : En profil, l'épaiffeur du métail fe marque avec deux lignes confentriques d'encre de la Chine, & le métail avec de l'indigue. On peut encore au lieu de laver cette aiffeur d'indigue, la laiffer tout ncho, & la concavité noire. Si l'on veut marquer la traînée de la fusée, c'est avec du vermillon & du massicot, ombrant d'un peu d'indigue. Si la bombe doit paroître de relief, il faut l'ombrer d'indigue marquant un réflet pour exprimer la rondeur entre le bord ombré & le milieu de l'ombre.

Boussole, à orienter un plan : On la fait par une circonference de cercle d'encre de la Chine ou d'indigue avec une ligne de carmin qui aille d'un bout à l'autre, une fleur de lys d'or à un bout qui marque le Nord, & une croix à l'autre bout qui marque le Sud ou le Midy, ou bien on fait une fléche dont la pointe marque le Nord, & le costé de la coche le Sud. Dans les cartes de Marine le cercle se divise en trente-deux airs de vent, dont les 4. cardinaux se marquent

marquent avec de l'encre de la Chine, les collateraux avec du carmin, les subdivisions en lignes ponctuées, bleuës & jaunes, d'indigue & de gomme-gutte.

BOULETS: En profil se laissent tous blancs, ou bien on lave avec de l'indigue, faisant les cercles de leur contour d'encre de la Chine, qui est le profil du boulet; en relief lavez & terminez avec de l'indigue, sa route ou trace sera marquée depuis une batterie jusqu'à la bréche avec de l'encre de la Chine, à points serrez & délicatement tirez par espaces égaux. S'il y a des batteries opposées à dessiner, pour marquer que c'est le costé ennemi on se sert d'une couleur qui tranche avec l'autre. Ainsi si les unes sont d'encre de la Chine, les lignes ponctuées de l'autre doivent estre de carmin.

Barreaux de fer : Deſſinez-les avec de l'encre de la Chine, lavez-les enſuite avec de l'indigue fini, & ombrez un peu fort avec la meſme couleur.

Balles de mouſquet ſeront deſſinées d'encre de la Chine, & lavées d'indigue, ſi c'eſt en monceaux : En petit, on les exprime avec des points d'indigue.

Bastons, ou Piquets, ſe deſſinent avec deux lignes d'encre de la Chine, l'une plus forte que l'autre. Pour marquer l'ombre, il faut laver avec du biſtre clair.

Bordure de deſſein, ſoit à fleurs ou à moulures & ſculpture, les plus belles ſont de carmin, ou d'indigue en clair obſcur, finiſſant tendrement en épargnant bien les jours.

Boyaux de tranchées, l'excavation en plan ſe marquera par

deux lignes d'encre de la Chine, lavant l'entre-deux de gomme-gutte, la ligne du coſté de l'ennemi ſera plus forte que l'autre.

Buissons & hayes : Deſſinez-les de verd d'iris meſlé de biſtre, par points ou par traits, ſelon la capacité de celuy qui les deſſinera, c'eſt à dire au choix d'un chacun ; il faut ombrer d'un peu d'encre de la Chine, ſi c'eſt en hyver, pour marquer les branches & tiges.

Bestail par troupes : Aprés avoir deſſiné correctement les figures, ſi c'eſt des vaches, c'eſt avec du biſtre, un peu de gomme-gutte avec un peu de carmin : Si c'eſt des moutons, deſſinez avec de l'encre de la Chine, bien tendre ſur-tout du coſté des jours.

Breche : On la deſſine avec de l'encre de la Chine, & on lave avec de l'indigue, si c'est prés d'un fossé plein d'eau, sinon c'est avec du bistre; & dans un plan, on l'exprime avec des points de carmin, si c'est un ouvrage de massonnerie. On peut encore en perspective l'exprimer par des traits en forme de zero tantost de bistre, tantost d'indigue, & de gomme-gutte pour exprimer les morceaux de ruïne que l'on ombre d'encre de la Chine, ou de bistre pur.

BASTARDE, espéce de coulevrine, se dessine comme le canon. *Voyez* CANON.

BARBETTE, se dessine avec du carmin, lavée de même, si elle est de massonnerie, & bien adoucie vers le milieu. Si la Barbette estoit de bois, dessinez & finissez comme une batterie. *Voyez* BATTERIE.

BOUTEFEU se dessine avec de

l'encre de la Chine lavant de biſtre; la fourchette ſe lavera d'indigue; la mêche ſe fait avec du biſtre: Un trait de vermillon ombré d'indigue en marquera le charbon; ſi l'on y veut faire une fumée, c'eſt avec de l'indigue tres-clair.

Bond d'un boulet s'exprime par des lignes courbes ponctuées qui marquent le ſaut du boulet; les points ſe font d'indigue, ou bien d'encre de la Chine.

Bataillon: Dans un plan, c'eſt par un rectangle lavé d'indigue qu'on le marque.

Bardeau; couverture de bois: Deſſinez-la avec de l'encre de la Chine, lavant de biſtre ou d'indigue, ſi la couverture eſt uſée.

Bast de charge: Vous pouvez deſſiner d'encre de la Chine, lavant de biſtre. Pour les crocs &

autres ferrures vous vous servirez d'indigue pour deſſiner & laver.

Baril à poudre: Dans le plan d'un magazin on le laiſſera tout blanc eſtant terminé par des lignes d'encre de la Chine, avec des lignes plus fortes du côté de l'ombre. Les cercles, s'ils ſont de fer, ſe deſſineront avec de l'indigue; ſi c'eſt en élevation, deſſinez le tout avec de l'encre de la Chine; & lavez de biſtre les barils & les cercles de bois.

Bossettes de mors à cheval, ſe deſſineront avec de la pierre de fiel; ſi elles ſont dorées, ombrez-les de biſtre, ſervez-vous d'indigue pour les ombres, & du fonds du papier pour les jours, ſi elles ſont d'argent.

Bord de la mer: Deſſinez-le avec de l'encre de la Chine lavant e biſtre, ſi c'eſt une vaſe; & ſi [c']eſt un ſable, meſlez un peu de [v]ermillon; ſi c'eſt un gravier, la[v]ez avec de l'indique, donnant [d]es coups forts du coſté de l'om[b]re à des zero que vous deſſine[z] tantoſt ronds, tantoſt ovales [p]our exprimer la figure des cail[l]ous. Si ce ſont des roches, il faut [l]es deſſiner avec de l'indigue, don[n]ant des coups de même, ou bien [a]vec de l'encre de la Chine avec [c]ertaines teintes de maſſicot, de [c]armin clair, d'indigue & du bi-ſtre, tout cela y fait bien. Si le bord eſt un gazon, deſſinez-le avec du biſtre, & lavez-le avec du verd d'iris. S'il eſt de terre nouvellement remuée, lavez-le de biſtre avec une couche claire de gomme-gutte.

BROUETTE, à porter la terre. Deſſinez-la avec de l'encre de la

Chine, & lavez-la de biſtre.

Botte de Cavalier : Il faut faire une couche d'encre de la Chine, lavant de meſme en ombrant de noir tout pur, & en chargeant teinte ſur teinte.

Barbe ſe lave avec du biſtre pour les Blonds ; de l'encre de la Chine pour les Châteins ; d'indigue & de biſtre pour les Griſaſtres, épargnant le fonds du papier pour les poils blancs ; ſi les poils ſont ardens, on meſle du vermillon avec le biſtre ou de l'ocre, s'ils ſont bien blonds.

Bouche ſe lave d'une couche de vermillon & s'ombre de carmin ; Si elle eſt ouverte, on donne des coups avec du biſtre & du carmin. Celle d'un cadavre ſe lave de laque, & s'ombre de biſtre. La laque & le biſtre ſervent auſſi pour les coups forts.

Blan

l'une & l'autre Architecture. 49

BLANC des yeux : On les marque par le fond du papier, que l'on épargne, ombrant d'indigue clair : les coins du costé du nez se font avec du vermillon bien tendre, ombré d'un coup de carmin.

BROSSAILLES : On les dessine de bistre, lavant avec du verd d'iris.

BRAS de mer se lave des deux costez avec de la couleur d'eau, dans un plan, adoucissant bien en s'éloignant du bord.

C.

CABISTAN sera dessiné d'encre de la Chine, fini de bistre. S'il y a une corde, on la dessinera & finira d'indigue.

CABLE : Toute sorte de cables & de cordages se font en lavis avec de l'indique ; ou s'ils sont fort gros, on les dessine avec de l'encre de la Chine, lavez d'indigue, avec un trait fort du costé de l'ombre.

Caisson, se dessine avec du bistre & un peu de vermillon, & de vermillon tout pur dans les jours, ou de carmin fini de même, si l'on veut les representer peints de rouge, comme ils le sont presque tous : En plan dans un parc d'artillerie, il se laisseront tous blancs avec un trait fort du costé de l'ombre.

Calibre : se dit de toutes les armes portatives, comme fusils, mousquets, pistolets, &c. au lieu de calibre on dit dans l'Artillerie la Volée, ou l'Ame ; Calibre de fusil en profil, s'exprime par une ligne ponctuée d'indigue ; en relief on dessine & on lave d'indigue, & du bistre pour la monture.

Calme : Une mer calme, ou

une riviere calme, se lavent tres-fini d'indigue, faisant perdre la couleur dans le fond du papier, en adoucissant; s'il y a de petites ondes, on peut les exprimer par des coups un peu forts sur le devant du tableau, touchant plus foible en s'éloignant, & embrunissant les les lointains, à mesure qu'ils fuyent.

CAMAYEU: veut dire un dessein en clair obscur, qui vient du mot Italien, *chiaro oscuro*; c'est en ce genre de dessein, que toutes les figures de métail, ou de marbre, se representent; les bas-reliefs se dessinent aussi dans le même goût: le mot de Camayeu, vient de certains morceaux de marbre, qui par les veines naturelles qui s'y trouvent, representent des Villes, des Châteaux, & quelquefois des figures d'hommes, & d'autres choses naturelles.

Campement: On le dessine en plan par des lignes d'encre de la Chine, les tentes par ruës, avec de l'indigue, observant bien d'adoucir partout avec union: Les ravines se lavent d'encre de la Chine, hachant par des traits de haut en bas, la teinte plus forte dans le haut; les montagnes, s'il y en a, se lavent d'indigue, touchant plus fort vers leur sommet; si c'est en perspective, elles seront touchées plus fort vers leurs bases; on prendra garde à bien exprimer les fuyans, lavant les tentes avec de l'indigue en brunissant les fuyans du costé du jour, & les touchant en dégradation de teinte d'ombre du costé de l'ombre; tous les autres sujets qui s'y rencontrent, comme les arbres, les rochers, les terrasses, &c. on cherchera leurs articles pour les faire, si l'on ne s'en souvient point.

CANAL: S'il est bordé de quay de maſſonnerie, en plan c'est par des lignes de carmin qu'il s'exprimera, marquant l'eau avec de la couleur d'eau, mettant une fléche dans le milieu, dont le fer dénotera le courant; si le Canal estoit soûterrain, il faut en ce cas l'exrimer avec des lignes ponctuées.

CANELURES: En Architecture se pratiquent dans l'ordre Dorique, l'Ionique, le Corinthien & le Compotele, & se dessinent, avec des lignes tres-deliées, d'encre de la Chine, sur le lavis d'indigue que l'on ombre de mesme, si les colomnes sont de marbre. Voyez *Architecture*.

CAILLOUS: Se dessinent dans un plan, tantost par des points, tantost par des zeros, suivant que l'ouvrage est en grand; c'est toujours avec de l'indigue qu'on les deſſine, & qu'on les finit en lavis; quand c'eſt en perſpective, les plus proches ſe deſſinent tous blancs, ombrez d'indigue, obſervant comme partout, d'attendrir à meſure que l'on fait fuïr les ſujets du devant du tableau; on peut auſſi l'ombrer avec de l'encre de la Chine pour faire fuir le reſte.

CLAYES: Branches d'arbres entrelaſſées entre des piquets, on s'en ſert pour empêcher qu'une contreſcarpe de gazon ne s'éboule dans un foſſé plein; & pour empêcher auſſi, dans des batteries, que les terres ſablonneuſes ne viennent à couler; On les deſſine de verd d'iris, ou de biſtre, qu'on lave d'indigue, ſi elles ſont repreſentées au bord de l'eau.

CANON; En plan ſe deſſinera & ſe lavera avec de l'encre de la Chine, le roüage ſe laiſſe tout blanc; en élevation on le dessine de verd d'iris, meslé de bistre, s'il est de fonte verte; s'il est de jaune, c'est avec de la pierre de fiel & du bistre; lorsqu'il est en porfil, l'ame ou la volée, se marque avec des lignes ponctuées tres-delíées, l'épaisseur du prelart s'exprime avec du verd fait d'indigue & de pierre de fiel, ou bien avec du verd d'iris & du bistre.

CASEMATE: Soûterrain pratiqué dans l'épaisseur des rampars pour éventer les mines; leur voûte se marque par des points deliez d'encre de la Chine: En élévation, quand c'est une coupe sciografique, on dessine avec de l'encre de la Chine, lavé de même, avec un lavis sur le tout, de gomme-gutte.

CARIATIDES: figures de termes, qui servent au lieu des colomnes dans quelques morceaux d'Architecture; on les fait avec le coloris de l'Architecture, à moins que l'on ne les veüille marquer de marbre ou de métail; En ce cas voyez leurs articles.

CONSOLE d'Architecture, se dessine avec de l'encre de la Chine, ou avec de l'indigue, & se lave de même, en un mot selon le coloris de l'Architecture; si elle est de bois, c'est avec du bistre & un peu de vermillon.

CASERNES: Corps de casernes, logement des Soldats qui sont en garnison dans les places de guerre; en plan, quand c'est un projet, on marque les épaisseurs de murailles avec du noir; tout le reste se lave d'une couche de gomme-gutte claire; *Voyez planche premiere lettre* A. Dans un plan d'Architecture militaire, on en marque les murailles avec du carmin bien gommé, lavant de la même couleur bien tendrement; en élevation, voyez *Arcenal*, ou *Bastion*.

CAVALIERS: se dessinent avec de l'encre de la Chine dans un plan, lavant de même leur platte-forme, mais bien clair, la ligne interieure plus fort : S'ils sont en élevation, on donne le coloris du gazon, s'ils en sont revêtus, avec du verd d'iris; mêlant du bistre pour l'ombre; S'ils sont de massonnerie, voyez *Architecture*.

CHANDELIER: Ouvrage de bois, pour n'estre pas vû dans quelque preparatel d'attaque ; dessinez-le avec de l'encre de la Chine, & le lavez avec du bistre ; s'ils sont chargez de fassines, on les fera avec du verd d'iris, ombrant avec du bistre ; si se sont des toiles, on les dessinera & on les lavera avec de l'indigue.

CHAUSSETRAPE, Clou en figure de tarriere, se marquera par des lignes d'indigue, finissant de la même couleur, observant de toucher foible la pointe qui s'éloigne du regardant, & de toucher fort les costez ombrez.

CLOCHERS: S'ils sont couverts d'ardoize, ou de bardeau, ils se dessineront & se laveront d'indigue, & avec du carmin tendre quand ils seront de massonnerie.

CATARACTES, ou herses, se marqueront en plan par des lignes ponctuées, d'indigue, marquant leur assemblage par des quarrez que forment les pieces dont elles sont construites ; en élevation, vous les ferez avec de l'encre de la Chine, & vous les laverez avec du bistre, leurs pointes seront dessinées & lavées d'indigue.

l'une & l'autre Architecture. 59

CHEMINS COUVERTS: deſſinez dans un plan avec de l'encre de la Chine, lavez-les avec de la gomme-gutte; ſi c'eſt un projet, & s'ils ſont de maſſonnerie ou de rocher, deſſinez & lavez de carmin; ſi la contreſcarpe & la banquette ſont de terre, lavez leur terre-plein d'encre de la Chine, ou de biſtre ſi c'eſt en grand; ſi c'eſt en perſpective, voyez *Architecture, & la Planche deuxiéme.*

CARMIN: Couleur très-vive, & la plus forte de toutes les couleurs rouges pour la mignature; nous en donnerons la compoſition à la fin de cét ouvrage.

CIEL ſerain, ſe fera ſur le devant du tableau avec quelques couches claires d'indigue, ou plûtoſt avec du bleu de noſtre compoſition, faiſant perdre le tout dans le fond du papier, en adouciſſant vers l'orison qu'on lavera de vermillon fort tendre, & tout prés de la terre avec de la pierre de fiel tres-clair, & fini.

Ciel de nuage, se dessine avec de l'encre de la Chine & de l'indigue meslez ensemble, en arrondissant les nuées comme des pellottons de cotton, ou de lainages; s'il est d'orage, on mesle un peu de Massicot & de vermillon, les jours seront épargnez, on les lavera tantost de jaune, tantost de rouge tres-clair, quelquefois aprés avoir dessiné & lavé d'indigue, & on jettera sur le tout une couche bien tendre de carmin.

Ciel de nuit: on le dessine avec de l'encre de la Chine, de l'indigue, avec du vermillon; s'il fait des éclairs, on les dessine de vermillon, rehaussez de massicot.

Cheveux: On couche clair

de biſtre, deſſinant pardeſſus avec du biſtre meſlé d'encre de la Chine, s'ils ſont chaſtains, faiſant aller les friſures par ondes, avec des traits prés-à-prés.

Coins des yeux : du coſté des tempes, ſeront lavez d'indigue bien clair, c'eſt à dire dans ce qu'on appelle le blanc de l'œil.

Cassine, Maiſon de païſan : deſſinez & lavez de biſtre & de vermillon, le couvert ſera fait de gomme-gutte, ombré de pierre de fiel meſlé de biſtre, s'il eſt de paille.

Cheval; ſera deſſiné & lavé de biſtre & d'encre de la Chine, & un peu de vermillon, s'il eſt bay; s'il eſt blanc, on pourra deſſiner avec de l'encre de la Chine; s'il eſt noir, couchez d'encre de la Chine, & finiſſez dans les ombres de noir pur.

Chemin bordé de murailles: dans un plan tout se fera blanc entre deux lignes de carmin; en élevation, si c'est en grand, l'espace sera ombré d'un peu de bistre.

Chemins allans d'une Ville, ou d'un Bourg à un autre, seront lavez de bistre fort tendre, ou bien par des lignes ponctuées, si c'est une Carte Topographique.

Chemin de rondes qui se pratiquoit autrefois, se laissera tout blanc en élevation; sa cavité sera marquée en ombrant avec du bistre, si l'Ouvrage est en grand.

Chemin escarpé : On le peut exprimer par des traits d'encre de la Chine, qui marquent l'escarpe du rocher, tantost plus fort, tantost plus foible, selon les détours & les enfoncemens, diminuant la teinte de force en descendant, comme en l'éloignant du costé de l'ombre.

CHEMISE, c'est à dire muraille qui sert de revêtement à une Place; on la fait dans un plan par une ligne de carmin, si l'ouvrage, ou le parement, est de massonnerie; s'il est de gazon, lavez d'encre de la Chine en élevation. *Voyez Bastion, & lettres D. & E. planche premiere.*

CHEMINE'E : dans les veuës des Villes ou Villages, elles se font avec de l'encre de la Chine, lavées de carmin, leurs fumées de dessinent d'indigue, avec un peu de massicot.

CHARPENTE : Se dessine avec de l'encre de la Chine, & se lave de bistre, la ligne du costé de l'ombre doit estre plus forte que l'autre; si c'est un plan, servez-vous d'encre de la Chine, lavant de gomme-gutte.

CHANTIER : C'est l'endroit où toutes les pieces de charpenterie se construisent en détail, pour estre assemblées sur le lieu où l'on les doit placer; dessinez & lavez selon la nature du dessein, avec le coloris ordinaire de la charpente.

CHEVAL DE FRIZE: Ouvrage à servir de fermeture; il faut le dessiner avec de l'encre de la Chine, & le laver, c'est à dire l'arbre, avec du bistre, & pour les lames de fer, dessinez & lavez d'indigue.

CIRCONVALLATION, enceinte de terre contre les approches d'une armée; vous la marquerez dans un plan avec de l'encre de la Chine, & la laverez avec de la gomme-gutte; en élévation vous laverez avec du bistre bien tendre sur le parapet, le reste un peu plus fort.

CONTREVALLATION, enceinte par attaques contre une place, se dessine avec l'encre de la Chine, & se se lave de gomme-gutte, observant de faire la ligne du costé de la Place bien plus forte que l'autre.

CISTERNES, Le contour de son soûterrain s'exprime par des points d'indigue, & l'ouverture se lave d'indigue, ou de couleur d'eau.

CONTRE-APPROCHES, se dessinent d'encre de la Chine, lavant de vermillon, la ligne du costé de l'ennemy plus forte.

CONTRE-FORTS, dans un plan, si c'est en grand, leur épaisseur se marquent avec des lignes d'encre de la Chine, leur massif de noir tout pur; en Architecture Militaire avec des lignes de carmin, finy de mesme, c'est à dire lavez tendre; S'ils sont en élevation, servez vous en ce cas du coloris de l'Architecture, observant les regles de

F

bien exprimer les fuyans. *Voyez Architecture.*

Contremine, se dessine par des lignes ponctuées d'une couleur opposée à celle dont on marque l'Aragnée des mines, lavant de gomme-gutte clair.

Courtine; dans un plan se désine par une ligne de carmin pur, son parapet se marque aussi avec du carmin, & se lave de mesme; s'il est de massonnerie, sa ligne interieure sera plus signifiée en élevation; si la Courtine est de massonnerie, les briques se marqueront avec du vermillon par traits & par sises regulieres, le blanc du papier servant à marquer les sises du mortier ; servez vous d'indigue clair, si elle est de pierre, marquant les sises avec des lignes tres-deliées d'encre de la Chine, & selon les regles de l'expression des fuyans; si elle est de gazon, lavez de verd d'iris; meslé de bistre dans les ombres.

Cordon, se dessine d'encre de la Chine, & se laisse tout blanc, en plan la ligne de dessous se fait plus forte; s'il est en élevation désinez-le avec le coloris du reste de l'ouvrage, en marquant plus fort dans son dessous pour arrondir.

Chaufour, se dessine avec des points de carmin, qui marquent le contour de sa voûte, dessinant une fumée avec de l'indigue pour l'ombre, & avec du vermillon & du massicot dans les jouts.

Crampons de fer, se font en lavis avec de l'indigue, & une ligne forte du costé de l'ombre.

Cartouche, ornement qui comprend quelque ouvrage; on le dessine avec de l'encre de la Chine, ou d'autre couleur en camayeü à la volonté d'un chacun.

Cartouche de piece d'Artillerie, se dessine avec de l'encre de la Chine, & se lave d'indigue; si on le veut exprimer sortant d'un canon, on le fait, dessinant par traits, tantost de vermillon, d'indigue, de massicot, meslez parmy la flâme & la fumée qui sortent de la piece en s'écartant.

Cours de Fleuve, ou de Riviere, dans un plan sera exprimé par une fléche dont la pointe marque le courant; c'est avec de l'indigue que les eaux courantes se dessinent & se lavent, observant aprés le lavis de donner des traits forts sur l'ombre, qui marquent les ondoyemens de l'eau.

Cuvette, petit fossé au milieu du grand, se lave & se dessine d'encre de la Chine; en plan c'est avec de la gomme-gutte claire, si le fossé est sec; s'il est plein d'eau, c'est avec de la couleur d'eau, adoucissant bien d'un costé & d'autre.

Combat, ou Bataille, se dessine par une fumée qui régne entre les deux partis tout le long des premieres lignes, la fumée sera dessinée & lavée avec de l'indigue, le feu avec du vermillon, & quelques coups de massicot.

Chaînes, se dessinent avec de l'indigue, se lavant de mesme avec des coups d'encre de la Chine du costé de l'ombre.

Carcasses, se marquent avec de l'encre de la Chine, & se lavent d'indigue.

Coin de mire, servant à pointer une piece, on le dessine avec de l'encre de la Chine, & on lave avec du bistre bien clair, en lavant avec tendresse du costé du jour.

Cuirasse; servez vous d'indigue, & finissez avec la mesme couleur, épargnant bien le blanc du papier, pour exprimer le brillant du métail. *Voyez Armet.*

Cuir noir; Il faut l'exprimer auec de l'encre de la Chine, couchant de la mesme couleur, & finissant avec une teinte plus forte; si c'est du maroquin rouge servez vous du carmin.

Cric, machine à élever un fardeau à une moyenne hauteur : désinez le corps avec de l'encre de la Chine, & lavez de bistre; pour la lame qui sert à engrainer, dessinez & lavez avec de l'indigue.

Cerceau d'artifice enflamé, se marque avec de l'encre de la Chine pour l'ombre, & avec du vermillon & du massicor pour le feu, l'indigue sert pour la fumée; si l'on la veut fort épaisse, on y mêlera de l'encre de la Chine.

CANONIER, tente de Vivandier, se fait avec de l'indigue, & se lave de mesme.

CHAMPS garnis de leurs moissons, seront dessinez de bistre, & lavez de gomme-gutte, pointillant pour marquer les épics, tantôst de pierre de fiel, tantôst avec du verd d'iris meslé de bistre, & dans les jours avec de la gomme-gutte.

CHARIOT de bagage ; Il faut qu'il soit fait avec de l'encre de la Chine, & qu'il soit lavé de bistre ; la tente se lave d'indigue.

CHE'VRE, machine à élever un fardeau, se dessine d'encre de la Chine, & se lave de bistre ; les cordages se font avec de l'indigue, dessinant bien les mailles du sens qu'il faut pour faire un bon effet à l'œil.

CAISSE de Tambour ; on se sert

d'encre de la Chine pour la marquer, & de biſtre pour laver; les cordes ſe lavent avec de l'indigue; la peau ſe peut exprimer avec du biſtre & de la gomme-gutte bien claire, & pour les timbres on prend du biſtre, du vermillon, & de la gomme-gutte; s'il y a des Armes de Régiment peintes deſſus, & que le deſſein ſoit aſſez grand pour les y deſſiner, on le pourra faire, touchant legerement, & toûjours en lavis.

COMBLE: *Voyez, Toiſt.*

CONTOURS: Les Contours doivent eſtre de la derniere juſteſſe, autrement un deſſein eſt ce qu'on appelle, ſans correction, qui eſt le plus grand deffaut qu'on puiſſe reprocher à un Peintre, quelque beau coloris qu'il poſſede d'ailleurs,

DE'BRIS,

D

DÉBRIS d'une mine, ou d'une bréche, se dessine d'indigue & se lave de mesme, se servant de vermillon & de massicot dans les jours pour exprimer la flame; les pierres, & les autres choses qui sautent, se dessinent & se finissent d'indigue & de bistre.

D. GRÉ, Marche; si c'est en plan, vous en exprimerez les contours avec de l'encre de la Chine, les laissant tous blancs; c'est avec du carmin qu'on les marque dans l'Architecture militaire; en élévation vous vous servirez du coloris de l'ouvrage.

DESCENTE de fossé, s'exprime dans un plan avec deux lignes d'encre de la Chine, l'entre-deux de gomme-gutte; si c'est en élévation, c'est avec des lignes ébrechées, exprimant la largeur de l'ouverture, imitant les ruïnes de massonnerie, ou de terre, suivant le coloris du terrain. *Voyez Abbates.*

DONJON, en plan se marque avec des lignes de carmin, fini & lavé de mesme; si le Donjon a esté démoli, on marque la trace par des lignes ponctuées d'encre de la Chine; s'il est en élévation, servez-vous du coloris de l'Architecture; les couvertures & les combles se pourront marquer, l'ardoise & le bardeau avec de l'indigue, les tuilles avec du vermillon ombré de bistre.

DIGUE, levée de terre pour arrester dans son cours ordinaire les efforts du débordement de l'eau; on en dessine les pilotis avec de l'encre de la Chine, que l'on lave de biſtre; on peut marquer les pierres qui en font le corps entre les pilotis avec de l'indigue; en élévation on deſſine & on lave du coloris des matieres que l'on voudra exprimer, avec du biſtre & un peu de vermillon, la terre dont la Digue eſt bordée.

Dentelles, deſſinez-les d'indigue, & épargnez le fonds du papier pour les fleurons; l'encre de la Chine peut ſervir à ombrer, touchant bien tendrement.

Diamans, ſe lavent d'encre de la Chine pure, épargnant le fonds du papier pour en exprimer le brillant, ce que l'on fait par traits; quand ce ſont d'autres pierres, comme Topaſes, Emeraudes, Turquoiſes, Ametiſtes, c'eſt tout de meſme pour le deſſein; il n'eſt queſtion que du coloris, qu'on trouvera assez de soy-mesme, aprés avoir dit plusieurs fois de quelles couleurs ou se sert en papier.

Doits des mains & des pieds, se dessinent avec du carmin, on les lave de couleur de chair, c'est à dire de carmin & du vermillon mêlez ensemble; faites tres-clair dans les jours; un peu plus fort dans les ombres.

Draperies de carmin, lavez de carmin clair, & plus fort dans les ombres, faisant le corps de la draperie en lavant, & épargnant bien les jours par les demy teintes.

Draperie de vermillon. faites une couche claire, plus forte dans les ombres, lavant & adoucissant jusqu'a ce qu'elle soit finie.

Draperie de laque : aprés avoir dessiné la draperie avec cette couleur; il faut laver d'une couche de laque, & finir de la mesme couleur ; dans le plus fort on mesle du bistre avec la laque.

DRAPERIE violette : on mesle de l'indigue avec du carmin ou de la laque ; si l'outremer s'employoit en lavis, cela seroit plus riche ; mais le papier ne le peut souffrir qu'avec la colle, & cela ne s'apelle plus laver ; le bleü dont nous donnons la composition peut y servir.

DRAPERIE de vermillon & de laque : on dessine avec du carmin, & on couche en suite avec du vermillon, & l'on finit avec de la laque dans les ombres.

DRAPERIE jaune ; prenez du massicot & de la gomme-gutte, dont vous donnerez une teinte par tout, & vous y meslerez un peu de bistre pour ombrer ; ou bien dessinez de pierre de fiel, lavez de jaune de Naples, finissez dans les ombres avec de la pierre de fiel & du biſtre.

Draperie jaune ſale, meſlez de la pierre de fiel avec du biſtre, touchant plus fort dans les ombres.

Draperie verte; deſſinez de verd d'iris, lavez de couleur d'eau & de gomme-gutte, ombrant de verd d'iris.

Ou bien, meſlez de la gomme-gutte & du verd d'iris, dont vous donnerez une couche par tout; après avoir deſſiné de verd d'iris, ſervez-vous du meſme verd d'iris pur dans les ombres.

Draperie noire, ſe deſſine avec de l'encre de la Chine, meſlée avec de l'indigue, finiſſant de noir tout pur.

Draperie de gloire; on jette une teinte de maſſicot, après avoir deſſiné de carmin; on finit avec de la gomme-gutte, & de pierre de fiel dans les ombres.

Si l'on veut la Draperie rouge, les jours se laveront de gomme-gutte, & les ombres de carmin; si l'on la veut verte, les jours se laveront de couleur d'eau, les ombres de carmin; & insi de toutes les autres couleurs, faisant les jours de la plus tendre, & les ombres de la plus forte.

Damas, espece de Sabre d'une trempe exquise, se dessine d'indigue, & se lave de mesme, épargnant bien le fond du papier, pour le tranchant & le brillant du métail.

Démolition qu'on veut faire, on la dessine dans un plan avec des points d'encre de la Chine, lavant d'une traînée de gomme-gutte tout prés; en élévation les bréches seront bien dessinées avec de l'encre de la Chine, & lavez d'indigue; les monceaux des matereaux seront dessinez tantost par des zero, tantost par des traits angulaires, tantost par des ovales, le tout bien signifié, jettant sur le tout un coloris tendre de carmin, ou de gomme-gutte.

Drapeaux, se font de la couleur des Regimens, touchez-les bien tendremenr, le bois sera lavé de bistre, avec un fer de pique au bout, dessiné & lavé d'indigue, aussi bien que le talon, à moins qu'on ne veüille exprimer l'un & l'autre en damasquineure, en ce cas il faut dessiner d'indigue, rehauffant de pierre de fiel.

Destroit, coste de Mer : les bords se font de bistre tendre, lavés de couleur d'eau, adoucissant bien en s'éloignant du bord; dans un dessein de perspective il faut se servir d'indigue au lieu de couleur d'eau, & finir bien proprement si la Mer est calme; si elle est orageuse, il faut marquer les ondes par traits d'indigue, un peu fort du costé de l'ombre, épargnant bien le fond du papier pour exprimer le blanc des ombres.

DENTICULES, membrures de la corniche Ionique, vous les marquerez avec de l'encre de la Chine, & les laverez du coloris de l'ouvrage, la ligne du costé de l'ombre plus signifiée.

DEMOISELLES, cilindres de bois avec deux anses, machine propre à battre la terre remuée, les pavez, & les lits de gason; on les dessine d'encre de la Chine, on les lave de bistre, la bande qui est aux deux bouts se dessine & se lave avec de l'indigue, marquant bien l'expression de rondeur, avec ses reflens & ses ombres.

Dague, Bayonnette de Dragon, se dessine & se lave d'indigue, épargnant le fonds du papier pour le luisant du métail, le manche se dessine de gomme-gutte ombré de pierre de fiel s'il est de buis.

Demi-lune, ouvrage détaché du corps d'une place; dessinez & lavez selon le coloris de la place, à moins qu'elle ne soit de gazon, le corps de la place estant de massonnerie; en ce cas lavez le parement de verd d'iris tendre, le terreplein de bistre, la ligne interieure plus forte. *Voyez pour les autres materiaux, Bastion, & planche premiere. D. & E.*

E

Eaux, s'expriment, celles de la Mer, & autres eaux mortes, comme Canaux & Estangs, avec de la couleur d'eau; les Rivieres, Ruisseaux, & generalement toutes les eaux courantes & jallissantes, avec de l'indigue. *Voyez planche seconde,*

EBENE, bois noir tres-dur; se dessine avec de l'encre de la Chine, & se finit avec la mesme couleur toute pure, c'est à dire dans l'ombre.

EGLISE, *voyez Basilique;* si elle est en grand, c'est à dire lorsque son plan fait tout le corps de l'ouvrage, on la dessine à la maniere de l'Architecture civile, *voyez planche premiere A;* si elle est dans un plan, on marque son contour par des lignes de carmin, lavé & fini de mesme, avec une croix dans le milieu pour la distinguer des autres edifices.

EMBRASURES : si le parapet est de massonnerie, elles se dessinent de carmin, & se lavent de mesme; si elle sont de gazon, dessinez & lavez d'encre de la Chine; si les paremens sont de brique & l'entre-deux de terre, tirez les deux lignes de carmin, lavant d'encre de la Chine, l'entre-deux bien clair, la ligne interieure plus forte : dans une une batterie, si c'est en plan, on les laisse toutes blanches.

EP E'E : la lame se dessine avec de l'indigue, épargnant le fond du papier pour le luisant du métail; la garde, si elle est de cuivre doré, c'est avec de la pierre de fiel qu'on l'exprime, ombrant de bistre; si elle est d'argent, dessinez & lavez d'indigue.

ENDUIT de mortier, se marque avec du bistre & de l'indigue bien clair, ou de l'encre de la Chine par une teinte tres-claire.

ESCLAIR, se fait avec un trait de vermillon, par des détours bizarres, comme on accoûtumé de les voir, les lavant par une teinte de massicot du costé du jour, ou de gomme-gutte,

Epacade, pieus & pilotis plantez dans l'eau prés-à-prés pour empécher le passage à des bâtimens; dessinez les pilotis d'encre de la Chine, lavez en suite de bistre, & ce qui touche l'eau sera lavé d'indigue, faisant perdre la couleur dans le fond du papier du costé du regardant.

Esquille de fer sevant aux Mineurs, propre à percer les rochers, qu'on fait sauter par quartiers avec la poudre; dessinez & lavez avec de l'indigue, un coup fort du costé de l'ombre.

Eschelles : dessinez d'encre de la Chine, si elles sont de bois lavez de bistre; si elles sont de soye, dessinez avec de l'indigue, un trait d'encre de la Chine du costé de l'ombre ; si elles sont à boucles, avec des contre-sanglons : dessinez & lavez d'encre de la Chine, les boucles toutes blanches.

Enfans, coloris des enfans se fait acec un lavis fort tendre de carmin & de vermillon.

Estoffes changeantes, s'expriment en faisant les ombres de la couleur la plus forte, & les jours de la plus vive.

Estoc, brin d'estoc, baston ferré, en Flamand ; dessinez d'encre de la Chine, & lavez de bistre.

Estocade, épée d'Espagnol. *Voyez Epée.*

Estoiles toutes blanches, en éclipse toutes rouges.

Estançons, appuis qui soûtiennent l'échafaudage des voûtes ou berceaux ; se dessinent d'encre de la Chine, & se lavent de bistre.

Equerres de bois; on les deſſine avec de l'encre de la Chine, & on lave du biſtre; celles de métail, c'eſt avec la couleur qui leur eſt propre; le cuivre jaune avec du biſtre & de la pierre de fiel.

Etendars, ſeront deſſinez & lavez de la couleur des Regimens, le bois deſſiné & lavé de biſtre; le fer de la lance qui eſt au bout ſe deſſine d'indigue, & ſe lave de meſme, épargnant le fonds pour le brillant du métail.

Escluse en plan, les piles ſeront deſſinez & lavez de carmin; en élevation ſi elles ſont à couliſſe, deſſinez & lavez de biſtre ce qui eſt ſur l'eau, cela s'entend pour tout ce qui eſt de bois, donnant le coloris de l'Architecture aux piles; ce qui eſt ſous l'eau ſera deſſiné & lavé d'indigue; la ferrure ſe fait d'indigue; on fera tout de meſme de celles qui sont à battans, & qui s'ouvrent avec des chaînes, que vous marquerez avec de l'indigue.

EMPALEMENT de fondation, se marque d'encre de la Chine, & se lave de bistre; si on veut y dessiner les moilons, on les marque par des points ou des zeros : en suite dans un plan, s'il est grand, on donnera une couche de gomme-gutte tres-claire : Il faut remarquer que cela se pratique encore aux élevations geometrales qui sont en projet en perspective, on suivra le coloris de tout l'ouvrage. *Voyez Architecture.*

ENTRETOISES, en charpente, sont des piéces de bois mises en travers pour faire un assemblage avec d'autres; dessinez-les d'encre de la Chine, & lavez avec du bistre.

ENTRETOISES, dans l'Artillerie, sont

l'une & l'autre Architecture. 89
sont les pieces de travers qui forment l'assemblage d'un Affut. *Voyez Affuts.*

ESCALIER, ou montée ; c'est la piéce la plus difficile pour un Architecte, soit pour le placer dans un edifice, soit pour l'ordonnance des machines ; il faut le dessiner en plan par un cercle, s'il est circulaire, tirant des lignes depuis le petit cercle qui marque le noyau, jusqu'à la circonference, qu'on divise également pour exprimer la premiere rampe ; en élevation, s'il est de pierre, on en suivra le coloris ; s'il est de bois, de mesme. *Voyez Architecture.*

EQUARISSEMENT d'une piéce de charpente, consiste à faire en sorte que les vives arestes soient bien droites & aiguës, selon l'angle de l'équerre ; en dessein il faut les marquer par des lignes tres-deliées.

H

Escouvette, instrument dont l'usage est de rafraîchir les pieces d'Artillerie ; sera dessiné avec de l'encre de la Chine, & sera lavé de bistre, la ligne du costé de l'ombre plus forte que celle du jour, qui doit estre fort deliée.

F.

Façade d'edifice, se dessine avec de l'encre de la Chine, les croisées & portes du costé du jour, se font noires, dans l'ombre blanches ; on jette quelquefois sur le tout un coloris de gomme-gutte, ou de carmin tres-clair.

Flasque, ou fourniment de cuir boüilli, à lever la poudre, se doit dessiner d'encre de la Chine, & se finit de mesme ; la charge se dessinera de pierre de fiel, ombrée de bistre.

Fassines: on les dessine avec du bistre & avec du verd d'iris pour les feüiller si elles sont vertes.

Fontaines : s'expriment avec de l'indigue, elles seront lavées de mesme, le fond du papier servant dans les jours à exprimer les jets d'eau, & les boüillons, ou surgeons des cascades, ou des napes d'eau.

Flasque d'Artillerie ; se dessine d'encre de la Chine, & se lave de bistre.

Fanal : s'il est de pierre, vous le dessinerez avec de l'indigue, & pour la fumée, si l'on y tient du feu, elle se fera avec de l'indigue, ou d'encre de la Chine fort tendre ; mais forte s'il faut la marquer dans un Ciel de nuit.

Fossé plein d'eau, se marque avec de la couleur d'eau, fini des deux costez, la teinte confonduë dans le fond du papier, tirant vers le milieu. *Voyez comment le foſſé d'une place eſt lavé planche deuxiéme.*

FENESTRES d'Architecture, toutes blanches du coſté de l'ombre, & toutes noires du coſté du jour.

FEMMES; coloris de femmes, tendre; couchez, aprés avoir deſſiné de carmin bien clair, une teinte de carmin & de vermillon quaſi imperceptible, plus forte au milieu des jouës; la bouche ſe lavera de vermillon, l'ombrant avec du carmin, & meſlant du biſtre dans les plus fortes ombres pour faire ſortir,

FUYANS. tous les fuyans doivent tenir du bleuâtre, ſur tout dans les ombres.

FENTES des yeux, ſe font de biſtre & de carmin, celles de deſſous plus tendres.

Feu, se dessine de vermillon pour marquer les charbons allumez ; les jours se font de massicot, avec le blanc du papier ; la flâme, par des teintes bleuâtres, toutes rouges & blanches dans leurs jours.

Fumées de cheminées, ou d'incendies, dessinez-les avec de l'encre de la Chine, & lavez-les d'indigue ; ou si l'on veut, on peut faire les clairs d'indigue, & les ombres d'encre de la Chine.

Flute, Vaisseau Marchand. *Voyez Vaisseaux.*

Fleau à dépiquer, dessinez d'encre de la Chine, lavez de bistre.

Fleau, dont on se jouoit anciennement pour se deffendre contre plusieurs personnes armées ; dessinez & lavez avec de l'indigue.

Fallot : S'il est de fer-blanc,

vous vous servirez d'indigue, les chassis à vître, ou les feüilles de corne, se laveront de pierre de fiel & de vermillon bien clair.

Fort de Campagne dans un plan, se dessine avec de l'encre de la Chine, les lignes interieures plus fortes, avec un lavis sur le tout de gomme-gutte.

Forteresse de massonnerie, se dessine, quand c'est en plan, avec des lignes de carmin, les parapets se lavent de carmin, les lignes interieures plus fortes que les exterieures, en élevation, on se sert du coloris de l'Architecture de pierre ou de brique. *Voyez Architecture.*

Fer à Cheval, espece de Cavalier ; dans un plan, s'il est de massonnerie, on le dessine aves lignes de carmin ; s'il est revestu de gazon, on le dessine avec de l'encre de la Chine, lavez de mefme, & bien tendre.

Fossé fec, fera lavé avec de la gomme-gutte, & de biftre, & terminé par des lignes de carmin, fi l'efcarpe & la contrefcarpe font de maffonnerie, ou de rocher; fi elles font de terre, marquez-en les bords avec des lignes d'encre de la Chine.

Fraises : en plan fe marquent avec de l'encre de la Chine, fe lavent en fuite avec du biftre, les bouts feront deffinez d'indigue; fi les Fraifes font ferrées, on peut jetter une teinte de gomme-gutte fur le tout : Les Fraifes en élévation fe marquent de mefme, excepté la teinte qui fe fait de gomme-gutte.

Fourneau, fe marque avec des points d'encre de la Chine; s'il eft dans de la maffonnerie, il faut marquer les points avec du carmin.

Frese, se laisse toute blanche, à moins qu'elle ne soit chargée d'ornemens, en ce cas, on fait le coloris de l'Architecture.

Flanc de Bastion, estant de maçonnerie il se dessine avec du carmin, & se lave de mesme, les embrasures & les moilons de mesme, à moins que l'entre-deux des paremens ne soit de terre ; en ce cas il faut laver d'une teinte claire d'encre de la Chine. *Voyez Bastion*.

Fermeture : si elle est de bois, on la dessine avec de l'encre de la Chine, & on la lave de bistre ; si elle est de fer, c'est avec de l'indigue pour le dessein & pour le lavis.

Fentes, crevasses de vieux murs, s'expriment avec des lignes dentellées d'encre de la Chine, qui marquent par des traits faits avec art ce qu'il y a débreché.

Feux d'une Armée qui décampe; on dessine un ciel de nuit avec de l'indigue & de l'encre de la Chine, les nuages avec du vermillon meslé de massicot & d'indigue, les feux se feront avec du massicot & du vermillon, & les fumées avec de l'indigue.

Fosse-brayes, espece de seconde enceinte, élevée à fleur de contrescarpe, se dessineront du coloris du reste de l'ouvrage; si c'est en plan, c'est avec des lignes de carmin, l'interieur plus forte, l'excavation sera du coloris du fossé sec. *Voyez Fossé.*

Feux d'artifice enflammez, les jours se font avec du massicot & de la gomme-gutte, le reste avec du vermillon, ombrant d'encre de la Chine, ou d'indigue, dont on fait aussi les fumées.

I

Fusb'es, leur trace en l'air se marque par des points de vermillon & de gomme-gutte meslez ensemble.

Fus ou vis d'une colonne, c'est avec le coloris de son architecture qu'on l'exprime, en épargnant bien le fonds du papier, pour marquer le poly de la colonne, donnant un reflex entre le côté ombré, & l'extremité de l'ombre.

Fronton d'architecture, le tympan sera dessiné & lavé d'encre de la Chine, s'il est au corps d'un ouvrage, suivez-en le coloris; Souvenez-vous qu'une teinte claire de carmin ou de gomme-gutte sur tout l'ouvrage, fait un bel effet.

Faistage, s'il est d'ardoise ou de plomb, dessinez, mais avec de l'indigue fini depuis l'entablement où la teinte doit estre plus forte.

FRICHE, deſſinez avec du biſtre, & un peu de vermillon en rouge clair, avec quelques coups forts de biſtre & du verd d'iris pour les mouſſes & les brouſſailles.

FAISTE, eſt la piece de bois qui fait la plus haute partie d'un comble, & à laquelle les chevrons ſont attachez par un de leurs bouts : ſi le bâtiment ſe deſſigne ſans couverture pour faire paroître la charpente, on en marquera les vives arrêtes par des lignes d'encre de la Chine, l'avez enſuite avec du biſtre.

FAISTAGE, c'eſt le compoſé des pieces de charpenterie qui forment le comble d'un bâtiment, deſſinez & en lavez toutes les pieces, comme nous venons de dire à Faiſte.

FLACHE eſt une vive arrête,

interrompuë par l'écariemens du bois, ou par des nœuds qui sautent en équairissant, elle se marque à la main par un trait delicat tiré en dentellant en lignes courbes.

Feüiller en lavis, c'est dessiner proprement les feüilles des arbres avec du verd de gris, du côté du jour, meslant du bistre du côté de l'ombre. *Voyez arbres pour le reste.* Il faut travailler d'aprés les arbres en estampe, le bon goût, afin de se faire la main à la belle maniere de feüiller, les meilleures que nous ayons, sont celles de Vandremeulen.

Fruits, il faudroit un livre à part pour les fruits; chacun aprés un peu de pratique sur le coloris des autres sujets, pourra trouver facilement ceux qu'il faut pour laver toute sorte de fruits & de fleurs.

G.

GARDE-FOUX, sont des especes de balustrades, formées de pieces de charpente, en mortaises, qu'on met sur les deux côtez d'un pont dormant, pour empescher que les hommes ou les bêtes de charge ne tombent dans les fossez, comme on le peint ordinairement de rouge ; servez-vous d'un lavis tendre de vermillon, aprés en avoir dessiné les vives arrêtes, avec des lignes de de bistre ou d'encre de la Chine.

GOUTES D'EAU, se dessinent d'indigue, & se lavent de mesme, épargnant le papier pour le jour, & donnant un reflex dans l'ombre, entre le milieu de l'ombre, & le contour ombré.

GOUTES DE SANG, servez-vous de vermillon, l'ombrez de carmin avec leur reflex de la mesme couleur.

GODET de nacre ou de fayance; on s'en sert pour démesler les couleurs à la gomme, ceux de verre y sont encore tres-propres.

GRILLES DE FER pour garnir les fenêtres trop basses, & les conduits des immondices, l'avezles d'indigue, aprés les avoir dessinez d'encre de la Chine, & lavez-les de cette derniere couleur, si elles sont dans l'ombre d'une voute, ou dans quelque endroit tenebreux.

GONDOLE: *Voyez galere ou vaisseau*, à moins qu'elle ne soit peinte, en ce cas, servez vous du coloris qui luy est propre; celle de Venise se lavera de noir, l'épron de fer sera dessiné & lavé d'indigue.

GELÉE se marque en dessinant tendrement avec de l'encre de la Chine ou de l'indigue, jettant dans les lointains, si c'est une gelée blanche, une teinte claire de carmin.

GABION, se dessine d'encre de la Chine, & se lave avec du verd d'iris, meslé de bistre.

GALERE, se dessinera avec de l'encre de la Chine, & on la lavera ensuite avec du bistre, les rames se lavent & dessinent de mesme, les cordages & les voiles se font avec de l'indigue, un trait fort du côté de l'ombre.

GALERIE de mineur, sera ponctuée de carmin dans les endroits où il y a de la massonnerie; dans les terres, c'est avec des points d'encre de la Chine, lavant sur le tout, d'une teinte claire de gomme-gutte; mais si c'est une galerie flotante de charpente ou assise sur terrein, pour favoriser le passage du mineur, dessinez-la avec de l'encre de la Chine, & lavez-la de bistre ; pour les lames de fer dont on garnit quelquefois le dessus pour resister à l'artifice, exprimez-les avec de l'indigue, pour le lavis & pour le dessein.

GIRON, est la largeur d'une marche d'escalier ; en plan, c'est par des lignes d'encre de la Chine qu'on les dessine ; en élevation, c'est par des lignes d'indigue, observant d'embrunir le dessus en allant vers la marche que l'escalier soûtient d'indigue, pour exprimer le fuyant.

GOUTIERE, est une espece de canal, de bois ou de plomb, pour recevoir les eaux, afin qu'elles tombent en mesme lieu ; dessinez & lavez selon le coloris qui en exprime la matiere avec de l'indigue, si le canal est de plomb ou de fer blanc.

GRILLE, est une assemblage de pieces de bois à l'équerre, assemblées les unes sur les autres, pour servir de base aux Edifices; c'est dans un terrein marescageux dont on se sert; si le terrein est aquatique, on y met des pilotis dans tous les carrez que l'entrecroisement des pieces forme: Si on la dessine en particulier, c'est avec de l'encre de la Chine, lavant de mesme, jettant ensuite une teinte de gomme-gutte sur le tout; s'il faut dans un plan faire voir une grille sur sa fondation, on dessine l'indigue, lavant de mesme sur tout, si c'est dans un lieu aquatique; autrement il faudroit se servir de bistre.

GASON en profil, se dessine

d'encre de la Chine, ou le carmin, par des lignes, qui en marquent les lits & les joints, lavant le profil de biſtre, & d'une teinte claire, du verd d'iris du côté de la ligne, qui marque le parement.

Gorge de baſtion, ſi on la veut marquer couverte de verdeur, c'eſt avec un lavis tendre de verd d'iris ou de biſtre; ſi c'eſt une terre nouvellement remüée en plan, on la lave d'encre de la Chine le long de la ligne qui forme la banquette, en adouciſſant du côté du centre de la place.

Guichet, eſt un petit pont-levis à côté du grand, qu'on ouvre à des heures induës, pour certaines néceſſitez, on le deſſine avec deux lignes de carmin s'il eſt dans une maſſonnerie ; ſi le pont eſt abbatu, c'eſt avec du biſtre qu'on lave la flêche deſſinée d'encre de la Chine, comme le reste, les anneaux & la chaîne se feront avec de l'indigue; si c'est dans un plan, on fait une croix de la largeur du guichet, qui marque la longueur du pont-levis. *Voyez les Ponts-levis, planche 2.*

GLACIS, s'exprime en plan avec de l'encre de la Chine, la teinte fort adoucie dans son lavis du côté de la campagne, la ligne qui le borde du côté du chemin couvert, sera tirée forte, pour marquer sa hauteur sur le chemin couvert; s'il est en élévation, on le couvre en lavant d'une teinte claire de verd d'iris, qu'on fait perdre en adoucissant vers la campagne; dans les plans on donne sur le tout une couche de gomme-gutte.

GRAVIER, s'il est menu, c'est

avec des points d'indigue qu'on l'exprime s'il est gros. *Voyez Cailloux.*

GRENADES en profil, s'expriment avec un trait de compas d'encre de la Chine, l'épaisseur du métail blanche, & la concavité noire; en relief, c'est aussi avec une circonference de cercle d'indigue, lavée de mesme, en luy donnant l'expression de rondeur par son reflex entre le bord ombré & le milieu de l'ombre, la fusée de bistre se fera, si on veut que la fusée soit enflamée, que l'on la marque comme à celles des bombes. *Voyez en ce cas Bombe.*

GRENIERS à bled, ou magasins, si l'on les dessine sans toit pour representer les monceaux de bled, lavez de gomme-gutte dans les jours, en pointillant de pierre de fiel du côté de l'ombre, & quelques points de biſtre dans les endroits les plus ombrez; leur architecture ſe deſſinera en plan par des lignes de carmin, lavant de meſme, lors qu'ils ſont couverts de leurs combles, en élévation comme arſenal : *Ainſi voyez Arcenal, & la lettre C. de la planche premiere.*

GUERITES, elles ſe deſſinent en plan, de gomme arabique; c'eſt avec cette drogue que l'on délaye les couleurs pour la mignature, & le lavis, ce qui ſe fait en mettant gros comme une groſſe noiſette dans un verre d'eau, dont on délaye les couleurs, quoy que rarement avec du carmin; ſi elles ſont de maſſonnerie & en élévation, c'eſt avec le colotis de l'architecture. *Voyez Baſtion.* On laiſſera les cul-de-lampe, avec les petites fenêtres, & leurs pieds droits tous blancs, les fleurs de lys doubles qu'on y met dessus, se dessinent de pierre de fiel, ombrant de bistre, & mesme avec de l'or en coquille, ombrant de pierre de fiel.

GUERETS, terres labourées se tracent à la main aussi droit que l'on peut dans un plan, par traits ou petits points longs qu'on lave de bistre plus fort du côté de l'ombre.

GONS, dessinez-les d'encre de la Chine, & les lavez d'indigue en plan, on les laisse tous blancs par une ligne circulaire qui marque leur grosseur.

GRANGE, écurie, étable de feuillées à l'armée, on dessine les picquets avec de l'encre de la Chine, & on les lave de bistre avec du verd d'iris pour les feuillages & branches, lavant leurs sommets avec tendresse.

GROUPES de figures dans un païsage, doivent estre variées par leur coloris, observant de ne mettre jamais du verd contre du blanc.

GRISAILLE se fait avec de l'encre de la Chine, & le fonds du papier, c'est un terme pris de la peinture en detrempe, de mesme que l'on fait en dessinant de bistre, rehaussant d'ocre ou de pierre de fiel.

GRUE, machine à élever les fardeaux & les pierres lourdes sur les Edifices, on les dessine avec de l'encre de la Chine, & on les lave ensuite avec du bistre les bandes de fer, clouds, goupilles & cordages, avec la louve, seront dessinez & lavez avec de l'indigue.

GUETTE est une piece de charpente, posée en diagonale

dans un peu de bois, elle se marque avec de l'encre de la Chine, & se lave de bistre.

Guilloches, espece d'ornement dans le parquetage, dessinez-le, & lavez l'ouvrage d'une couleur voyante, comme la gomme-gutte ou la pierre de fiel, & le fond d'encre de la Chine ou de bistre.

H.

Herbes & plantes, se lavent dans un plan de verd d'iris, meslant de gomme-gutte pour les jours d'encre de la Chine, pour terminer du côté de l'ombre.

Hayes vives, dessinez d'encre de la Chine, & lavez de verd d'iris, hachant par points, si c'est une haye taillée au cyseau, & feüillant si elle est en plein air.

Hayes-mortes, c'est à dire

re d'hiver, on les dessine d'encre de la Chine, lavant ensuite en hachant, tantost d'un sens, tantost de l'autre avec du bistre mêlé de verd d'iris.

HACHES D'ARMES, si elles sont toutes de fer, on les dessine, & on les lave de bistre, lors qu'elles sont emmanchées de bois, on les lave & on les dessine de bistre, observant bien d'exprimer le brillant du métail, poly par un grand jour, en épargnant le fond du papier.

HALLEBARDE, comme la halle d'armes, si elle est damasquinée, servez-vous d'indigue pour le dessein, rehaussez de pierre de fiel.

HARPON, lame d'acier, longue d'une brasse ou environ, dont on pique les baleines, dessinez & & lavez d'encre de la Chine.

K

HAVRE à flux & reflux, si c'est de mer basse, on lavera les deux bords de bistre ou de carmin, le fond se lavera avec de l'indigue; si c'est de pleine mer, c'est avec de la couleur d'eau qu'on en lavera les bords.

HIC, ou menton, est un gros bout de poutre, servant à enfoncer les pilotis en terre ou dans l'eau à force de coups; servez-vous d'encre de la Chine, & lavez de bistre la ferrure, les bandes & les anneaux se font avec de l'indigue.

HOTTE se dessinera d'encre de la Chine, & se lavera de bistre & de verd d'iris: pour en ombrer le dedans, on se sert du bistre mêlé avec de l'encre de la Chine.

HACHE à couper le bois, on la dessine avec de l'indigue; & on la lave de mesme; le manche sera fait avec de l'encre de la Chine, lavé de biſtre.

Hommes, coloris d'hommes, doivent eſtre un peu touchez de biſtre dans la carnation, & ſur tout dans les endroits forts, & dans les ombres; on peut jetter une couche d'ocre bien claire ſur le tout, aprés avoir deſſiné les contours d'encre de la Chine, bien tendre, la carnation ſe peut enſuite laver d'une teinte de vermillon tres-clair.

Habits *Voyez Draperies.*

Herbages, quand il s'en trouve pluſieurs, & qu'on veut les exprimer en couleur, les plus prés de la baſe du tableau ſeront jaunâtres, verdâtres dans les milieus & bleuâtres pour ceux qui ſeront dans les lointains, touchant un peu fort du côté de l'ombre, avec du verd d'iris ceux qui ſont ſur la premiere terrasse, & quelques coups de bistre meslé de terre verte aux endroits les plus ombrez.

HOLLANDOISE, grande pelle de bois, soutenuë avec trois chevrons, assemblez entre-pied, d'où pend une corde qui aide à un homme à s'en servir pour épuiser un endroit où il y a de l'eau, d'un lieu bas dans un plus haut, elle se dessine d'encre de la Chine, & se lave de bistre avec de l'indigue, sur toute la partie qui entre dans l'eau.

HUTTE, ou barraque de soldat, se fait avec de l'encre de la Chine, pour les contours que l'on lave d'une teinte de verd d'iris & de bistre, dessinant les feüillages & branchages de bistre, si c'est en grand; sinon lavant seulement: si elles sont de paille ou de terre, on lavera l'une avec de la gom-

l'une & l'autre Architecture. 117
me-gutte, & l'autre avec du biſtre.

Horloge à ſonner les heures, le cadran ſera lavé de gomme-gutte, les cercles ſeront marquez d'encre de la Chine, & les chiffres des heures, noires ; la couverture du clocher, ſi elle eſt d'ardoiſe, ſera deſſinée d'encre de la Chine, delicatement avec un lavis d'indigue.

Herse. *Voyez Cataracte.*

Halle, la charpente ſe deſſinera d'encre de la Chine, & les couvertures de vermillon, ſi c'eſt de thuille, ombrant de biſtre, pour marquer les ſillons ou gouttieres ; ſervez-vous d'indigue, ſi c'eſt d'ardoiſe ou de bardeau.

Harpon, barreau de fer qui entre en forme de goupille par le bout d'une poutre pour l'entretenir avec les murs, deſſinez & lavez avec de l'indigue.

HAMEÇON, le bâton se dessine avec de l'encre de la Chine, lavé de bistre ; pour la corde, vous vous servirez de l'indigue.

HACHER, terme de graveure, c'est tirer des traits de plume prés à prés les uns des autres également en plusieurs sens ; c'est par une longue habitude qu'on apprendra à hacher & contre-hacher à propos : les terrasses, les rochers & les ravines veulent estre hachées, aprés les avoir lavées avec de l'encre de la Chine.

I.

JARDINS, on en dessine les compartimens, plattes-bandes & broderies, par des lignes d'encre de la Chine, remplissant les espaces de points verts ; laissant les allées & les grands carreaux tous blancs ; s'il y a des arbustes, on les dessinera au naturel, & l'on les lavera avec du verd d'iris.

Jambes de force, pieces de charpente, servant à soûtenir la couverture d'un bâtiment, elles sont ordinairement courbes, afin qu'elles ayent plus de force ; dessinez-les avec de l'encre de la Chine, lavez-les avec du bistre assez tendre dans les surfaces illuminées, & plus brun dans celles qui doivent estre ombrées.

Inondation, si elle est dessechée. *Voyez Prairie marescageuse*, si elle est effective, c'est à dire bord à bord, lavez son contour de couleur d'eau, faisant perdre en dedans la couleur dans le fond du papier, en adoucissant.

Imposte, espece de corniche, sur laquelle un berceau ou autre ouvrage en voûte prend sa naissance; en plan, laissez-la toute blanche : Quand on la marque dans la coupe d'un berceau qui paroît de front, ou autre ouvrage voûté, on l'exprime toute blanche ; quand c'est en élevation perspective, on tire les lignes avec de l'encre de la Chine, & on lave avec le coloris de l'ouvrage dans lequel il est compris. *Voyez en ce cas* Architecture.

ISLE, espace de terre environné d'eau ; s'il n'y a qu'une terrasse, on lave son contour, ou pour mieux dire le rivage, d'un coloris de bistre, meslé d'un peu de vermillon bien tendre ; si elle est en broussailles, on les dessine avec du verd d'iris & du bistre.

ICNOGRAPHIE, mot dérivé du Grec, qui veut dire description, plan ou vestige d'un bâtiment, d'une ville, &c. par des lignes

lignes qui n'en expriment que les contours & les épaisseurs ; en architecture militaire, la massonnerie estant la matiere dont on veut dessiner quelqu'ouvrage, sera constuite & s'exprimera par des lignes de carmin, lavez de mesme lians le massif; si c'est du gazon, c'est avec des lignes d'encre de la Chine, lavant de la même couleur. *Voyez la planche* 2. bien tendre. Dans l'Architecture civile, les lignes seront noires, le massif tout noir, & le reste blanc, ou bien l'on donnera sur le tout un lavis de gomme-gutte, qui fait un tresbel effet, ôtant les frictions du papier, quand il est sec, avec de la dent de sanglier, cela luy donne une couleur, qui le rend aussi beau qu'un velin. *Voyez à la planche premiere la lettre* A.

YVOIRE se dessine avec de
L

l'encre de la Chine, & se lave de mesme, mais bien tendre; on peut aussi se servir du bistre pour laver.

Joues, aux enfans, rouges; aux femmes, moins, & aux hommes jaunâtres, le carmin doit dominer dans les enfans, le vermillon dans les hommes, & le carmin & le vermillon, avec les teintes bluâtres dans les femmes.

Jours se font en épargnant le fond du papier.

Indigue, couleur bleuë qui vient des Isles de l'Amerique; pour s'en servir, il faut qu'il soit vray gatimalo, qu'on broye sur un marbre long-temps, & qu'on gomme pour s'en servir au lavis.

Jaune de Naples, c'est une couleur que les Marchands de couleur à mignature vendent; il est propre aux Draperies, qu'on fait en l'avis, & par tout où il faut du jaune qui ait du corps.

IF, arbre toûjours verd. *Voyez Arbustes*, le verd d'iris en lavis est le seul qui luy est propre pour son coloris.

JET D'EAU en plan, au milieu d'un bassin, se marque par un point au milieu d'un petit cercle qui represente le bout de l'ajutoir; en élevation on dessine sa hauteur par deux traits avec de l'indigue, celuy du côté de l'ombre plus fort, observant d'épargner un jour, pour faire paroître le diaphane de l'eau, le bout se fait un peu plus gros, avec des gouttes qui retombent des deux côtez, s'il ne fait point de vent.

L

Linges; deſſinez & lavez d'indigue bien tendre, épargnant bien les jours; au lieu d'indigue, ſervez-vous du bleu dont nous donnons la compoſition; on peut en faire encore en deſſinant de biſtre, rehauſſant avec du maſſicot, en les rayant d'eſpace en eſpace d'une ligne de vermillon, entre-deux d'indigue, ou d'un autre bleu, ſuivant le tour naturel des plis.

Laque, couleur rouge: la meilleure eſt celle du Levant, en petits grains comme lentilles.

Levrier, ſera deſſiné de biſtre, avec le fond du papier bien fini; s'il eſt blanc, déſſinez & lavez avec de l'encre de la Chine bien tendrement.

LUNE: on la dessine avec de l'encre de la Chine, & se laisse toute blanche; en eclipse, elle se dessine & se lave avec du vermillon, vous servant de pierre de fiel pour finir.

LAMBRIS, ouvrage de bois dont on revest les murailles des chambres, & dont on fait des plafonds; pour les dessiner vous vous servirez d'encre de la Chine, lavant en suite avec du bistre mêlé d'un peu de vermillon; s'il est de dorure, on l'exprime avec de la pierre de fiel ombré de bistre, ou avec de l'or en coquille, ombrant avec la pierre de fiel.

LIEVRE, dessinez & lavez de bistre; aux endroits rougeâtres, comme les pattes & les flancs, meslez du vermillon avec du bistre par traits, épargnant le dessous du ventre, qui est blanc ordinairement.

Lion : sera dessiné & lavé de bistre, fini par traits, un peu plus brun que le lavis, & du sens que va le poil, faisant les jambes & la queuë plus brunes que le reste ; les griffes se font d'encre de la Chine, observant de mettre du vermillon dans le coin des yeux, pour leur donner un air de férocité ; si l'on veut qu'il soit chevelu, on dessinera les soyes à ondes par des traits prés-à-prés, comme quand on fait des cheveux.

Labyrinthe : les détours se font tous blancs ; & les compartimens verds, avec du verd d'iris, & avec du bistre pour ombrer ; pour le blanc, c'est le fond du papier, qu'on épargne.

Lanterne d'Artillerie ; la baguette se dessinera avec de l'encre de la Chine, & se lavera avec du bistre, faisant la ligne plus forte du costé de l'ombre ; le fer blanc, qui en fait le bout, sera désiné & lavé avec de l'indigue.

Lanterne de moulin: vous la dessinerez & vous la laverez d'encre de la Chine; si elle est pour un moulin à eau, avec de l'indigue.

Lumiere de canon, en plan s'exprimera par un cercle tout blanc, avec un point au milieu; en élevation, elle se marque par un trait de flame, avec sa fumée; la premiere avec du massicot & du vermillon, & celle-cy avec de l'indigue, ou de l'encre de la Chine.

Linteau: partie superieure d'une porte, ou fenestre; s'il est d'Architecture, suivez-en le coloris; s'il est de bois, dessinez-le avec de l'encre de la Chine, & lavez-le avec du bistre.

Limon, ou noyau : c'est dans un escalier, la piece de bois qui porte les marches par un des bouts, par le moyen d'une entaille qui regne tout au tour, qu'on appelle le chiffre ; le Limon peut estre rond ; on le dessine & on le lave comme le reste de l'escalier, c'est à dire du coloris qu'on donne à l'ouvrage. *Voyez Architecture.*

Louchet : espece de pêle demy ferrée propre à remuer la terre & tailler le gazon ; dessinez avec de l'encre de la Chine, lavez de bistre ; & pour le fer, vous vous servirez d'indigue pour dessiner & pour laver l'acier : Quand il est de fer, on le dessine & on le lave avec de l'indigue ; quand il est de bois c'est avec du bistre, entre les lignes d'encre de la Chine, celle qui est du costé ombré plus forte.

LIEN DE FER, s'exprime avec de l'indigue, aprés avoir deſſiné avec de l'encre de la Chine, les clous ſe font d'encre de la Chine, ou bien avec de l'indigue bien fort.

LATRINES, lieux à ſervir aux commoditez naturelles, placées le long des courtines; quand elles ſeront de pierre imitez leur coloris; ſi elles ſont de bois, deſſinez-les avec de l'encre de la Chine, lavez avec du biſtre, leurs couvertures ſe laveront avec du vermillon, ſi elles ſont de tuilles, ou avec de l'indigue ſi elles ſont d'ardoiſe, ou de bardeau: dans un plan d'Architecture militaire, elles ſe marquent, eſtant de bois, avec de l'encre de la Chine; eſtant de maſſonnerie, avec des lignes de carmin.

LIMACE, eſpece de moulin

pour élever l'eau à une moyenne hauteur; la machine montée, on la deſſine avec de l'encre de la Chine, & on la lave de meſme, ſi elle eſt gaudronnée; les gons, les bandes, clous & autres ferrures, ſe font avec de l'indigue pour le deſſein & pour le lavis, touchant un peu fort.

Lignes: les plus délicates ſont les meilleures, pour celles qui ſont du coſté du jour, ou qui ſervent à faire un ouvrage en petit.

Lignes de circonvallation, ſont celles qui enferment les armées, & les mettent à couvert des inſultes du ſecours qui peut venir à une place; elles ſe deſſinent avec des lignes d'encre de la Chine, & ſe lavent de meſme, jettant une teinte claire de gomme-gutte du coſté de l'ennemy, qu'on adoucit en oſtant les frictions du papier quand il est sec, avec la dent de sanglier.

LIERNES: sont les pieces de charpente qui s'assemblent sous les faîtes, allant d'un poinçon à l'autre; servez-vous d'encre de la Chine & du bistre pour le lavis & pour le dessein.

LIENS: sont les pieces de bois qui entretiennent une charpente; dessinez & lavez d'encre de la Chine & de bistre, la ligne de l'ombre toûjours plus forte.

LAMBOURDES: sont les pieces qui servent à cloüer & tenir les pieces d'un parquet; dans un plan elles se laissent toutes blanches dessinées par des lignes d'encre de la Chine; lorsqu'on les fait paroître à découvert, en élevation geometrale, ou perspective on les dessine avec de l'encre de la Chine, & on les lave avec du biſtre, la ligne du coſté ombré plus forte.

Lances, armes anciennes, & dont on ſe ſert preſentement dans les courſes de bague; ſeront deſſinées de pierre de fiel; ſi elles ſont dorées, on les ombre de biſtre, deſſinant leur fer avec de l'indigue, ombrant de la meſme couleur.

Lance d'artifice, ſervant à éclairer, & à mettre le feu où l'on veut; deſſinez d'encre de la Chine pour le corps de la lance, & pour la flame, lavez de vermillon & de maſſicot, formant une fumée avec de l'indigue & du l'encre de la Chine.

Lumignon de lampe, ou de chandelle; ſe deſſine avec du vermillon, & un coup d'indigue du coſté de l'ombre; la flame s'exprime avec un lavis de maſſicot, une teinte de carmin vers le milieu, une de maſſicot du coſté du jour, & une d'indigue bien tendre du coſté de l'ombre, confondant ces teintes en ſorte qu'il y ait une grande union.

Lis, Fleur-de-lis d'or, ſimple ou double, qu'on met ſur les guerites, & autres morceaux d'Architecture; ſe déſſinent de pierre de fiel, ſe lavent de meſme, y meſlant du biſtre pour ombrer; ſi l'on veut ſe ſervir de l'or, c'eſt de l'or en coquille qu'on délaye avec un peu de ſavon & d'eau gommée, on ombre en ſuite avec de la pierre de fiel, & de biſtre dans le fort de l'ombre.

M.

MENTON, ſe fait toûjours plus rougeâtre que le reſte de la carnation.

MASSICOT : couleur jaune tres-legere propre pour les fuyans, & pour estre employée dans les jours des draperies, & dans tous les rehauts.

MILIEU du front, doit estre épargné avec tout son jour, confondant bien la teinte dans le fond du papier.

MAINS : se dessinent de carmin, leur coloris plus rougeâtre que le reste de la carnation ; c'est à dire que le lavis où le vermillon domine, est le veritable dont il se faut servir pour les jours. *Voyez Jours.*

MORT : coloris de mort ; aprés avoir dessiné, jettez une teinte d'ocre bien claire, en suite ébauchez en lavant de laque & de vermillon clair, & avec des teintes bleuâtres d'indigue, dans tous les fuyans, ombrant de bistre & d'indigue.

MANEGE: dans un plan, sera dessiné d'encre de la Chine, les poteaux par un cercle blanc; en élevation, s'il est de bois, il sera fait avec de l'encre de la Chine, lavant avec du bistre, de mesme que les poteaux.

MAIL, Jeu de Mail; dessinez d'encre de la Chine, & lavez avec du bistre, les planches qui en forment les bords seront lavées de mesme.

MADRIERS: sont de grosses planches de chesne, d'environ trois pouces d'épaisseur; elles servent ordinairement aux planchers des ponts, aux batteries, & aux écluses; vous dessinerez & laverez d'indigue les parties qui toucheront l'eau; ailleurs, lavez de l'encre de la Chine & du bistre.

MOISE: piece de charpente servant à entre-lever d'autres pieces qui les joignent en travers; elles se dessinent & se lavent avec de l'encre de la Chine, & du bistre.

MORTAISES : sont des entailles creuses de trois à quatre pouces dans le milieu ou le bout des pieces, dans lesquelles les tenons des autres pieces entrent pour s'assembler; on les dessinera avec des lignes d'encre de la Chine, ombrant de mesme pour exprimer les cavitez.

MAILLES d'un cable, ou d'une corde, se marquent par des traits, du sens qu'elles vont, avec de l'encre de la Chine, si l'on a à les representer dans quelque endroit tenebreux; ailleurs c'est avec de l'indigue.

MOULINS à vent, se dessinent avec de l'encre de la Chine, & se lavent de bistre; lorsqu'ils
sont

font de bois, les voiles & la ferrure seront exprimez avec de l'indigue, les voiles avec tendresse; le couvert se lave d'indigue quand c'est du bardeau, ou de l'ardoise.

Moulins d'eau, se dessinent & se lavent du coloris de l'Architecture dont ils sont construits. *Voyez Architecture.* Il faut se ressouvenir que le bois dans l'eau, & toutes les eaux, se doivent laver d'indigue, aussi-bien que les rouës sur lesquelles l'eau tombe pour donner le mouvement.

Moulin à bras, se dessine d'encre de la Chine, & se lave de bistre; toutes les ferrures se lavent avec de l'indigue.

Machines: toutes sortes de Machines en bois se dessinent d'encre de la Chine, & se lavent de bistre; s'il y a de la ferrure, els le se lave d'indigue; celles qui sont hydrauliques, c'est à dire dans l'eau, ou pour élever l'eau, si elles sont de fer, on dessine & on lave d'indigue, sinon on les dessine d'encre de la Chine, & on lave de bistre donnant une teinte d'indigue, à tout ce qui touche l'eau.

MADRIERS de petard; grosses planches de chêne, servant aussi de mantelet contre le mousquet; dessinez d'encre de la Chine, lavez de bistre; s'ils sont couverts de lames de fer, donnez-leur un lavis d'indigue.

MAISONS : si c'est un plan, les épaisseurs des murs seront toutes noires; si c'est en élévation, dessinez & lavez d'encre de la Chine, donnant sur le tout un coloris bien tendre de carmin ou de gomme-gutte. Voyez à la planche première les lettres A. B. C. Si elles

l'une & l'autre Architecture. 139
sont dans un plan de place, les lignes des murs seront dessinées avec du carmin, lavant de mesme tout le tour dans l'entier, adoucissant également & avec union de tous côtez. *Voyez à la planche seconde.*

MARAIS : dessinez avec de l'encre de la Chine, lavez de couleur d'eau ; les joncs qu'on y voit ordinairement seront marquez avec du verd d'iris, meslant du bistre pour ombrer.

MARAIS-SALINS, se dessinera avec de l'encre de la Chine ; s'il est vuide, on le lave de bistre avec un peu de vermillon ; s'il est plain, avec de la couleur d'eau.

MER : on la dessine avec de l'encre de la Chine, ou du bistre, on la lave de couleur d'eau.

MINE, caveau soûterrain fait par un Mineur pour faire sauter une face de bastion; on la dessine par des points en ligne courbe, selon le contour du fourneau, avec du carmin, si c'est une massonnerie; & avec de l'encre de la Chine, si c'est un rampart de gazon: Quand on veut en exprimer l'effet, c'est avec du massicot, & du vermillon pour la flame, & avec du bistre & de l'indigue, ou de l'encre de la Chine, pour exprimer la fumée & la poussiere; Parmy les Mines on confond pesle-mesle les monceaux de ruïnes, des barils, des hommes qui sautent, & tout ce qui vient à la fantaisie, par un trait leger d'encre de la Chine, n'ombrant presque point.

Moilon, quartier tout de pierre servant à la massonnerie des places, que le Masson prepare du côté du parement seule-

l'une & l'autre Architecture. 141
ment avec le marteau; on le lave d'indigue ou de biſtre, après l'avoir deſſiné d'encre de la Chine. *Voyez Architecture.*

Marteau de Mineur, ſera exprimé avec de l'encre de la Chine, le lavis de biſtre; pour le manche, le fer ſera deſſiné & lavé d'indigue.

Mortier, ſe deſſine avec de l'encre de la Chine, & ſe lave de biſtre & de pierre de fiel; ſon affut de fer fondu, ſe deſſinera d'encre de la Chine, & ſe lavera avec de l'indigue; s'il eſt de bois, deſſinez & lavez avec du biſtre; les bandes & les clouds s'expriмeront avec de l'indigue.

Mortier en profil, de meſme que le canon. *Voyez Canon.*

Massue ferrée, ſe deſſine avec de l'encre de la Chine, & ſe lave avec du biſtre: les pointes de fer

M iij

se dessinent & se lavent d'indigue, & l'on en met jusqu'à l'espace qu'il faut pour placer les mains.

MONTAGNES : leurs élevations se dessinent avec les traits à la plume, ou par des traits de pinceau bien deliez ; & se lavent d'indigue du côté de l'ombre par certaines teintes, les unes plus fortes que les autres, pour exprimer les diverses pentes des rochers ; s'il y a des arbres dessus, on les marquera par des zeros, tantost petits, tantost plus grands, quelquefois prés les uns des autres par monceaux, quelquefois séparez ; en cela il faut suivre le naturel du terrain que l'on represente, ou se modeller sur quelque chose de bien executé.

MOULINET : se dessine par deux garrots en croix, dessinez d'encre de la Chine, & lavez de biſtre de meſme que la piéce de bois dans laquelle ils ſont paſſez, qui fait le corps du Moulinet.

Mousse d'une montagne, d'une friche, ou d'un chemin, ſe déſine par touffes de points, tantoſt avec du biſtre, rehauſſant de pierre de fiel, tantoſt avec de la gomme-gutte, & tantoſt avec du verd d'iris & du biſtre, meſlant des coups de vermillon clair en certains endroits.

Mouffle: ſe deſſine avec de l'encre de la Chine, & ſe lave de biſtre, les poulies s'exprimeront avec de la pierre de fiel & du biſtre ſi elles ſont de métail, & les cordages avec de l'indigue.

Muraille, ou gros mur dans un plan où il y a d'autres murailles; le gros mur ſera tracé d'un gros trait de vermillon, & les autres de carmin; ou bien le gros mur par une grosse ligne de carmin, & les autres par des petites; du reste voyez *Arcenal*.

Muraille en profil, sera définée avec de l'encre de la Chine, & lavée de carmin.

Muraille en élevation, soit geometrale, soit perspective; on marquera par des lignes tres-deliées, les assises & les joints des pierres, & aprés avoir ombré d'indigue, on lavera le tout d'une couche fort tendre de carmin; si la muraille est de brique, il faut en ce cas se servir du coloris de brique. *Voyez Arcenal ou Bastion*.

Machicoulis. *Voyez Cataractes*.

Meurtriere, ouverture de muraille où l'on passe le bout du mousquet pour tirer sur l'ennemy; se dessinera d'encre de la Chine, & se lavera de mesme, à moins que

que l'Architecture où les meurtrieres sont establies ne soit d'un coloris particulier.

MITRAILLE: divers morceaux & fragmens de métail que l'on met dans un canon. *Voyez Cartouche.*

MONTANS de charpente, désinez-les d'encre de la Chine, & lavez-les avec du bistre.

MANIVELLES: si elles sont de fer, vous les dessinerez & les laverez d'indigue; pour le bois vous vous servirez du bistre.

MODILLON: membrure de la corniche Corinthienne & composite, se marquera avec de l'encre de la Chine, & se laissera tout blanc; à moins que vous ne jettiez sur tout l'ouvrage une teinte de gomme-gutte, ou de carmin, ce qui fait un bel effet; quand on aura osté les frictions du papier avec la dent de sanglier, cela sera encore plus agreable.

Mutule, espece de Modillon; dans l'ordre Dorique se dessinera de la maniere dont on dessine les Modillons.

Mantelets : Madriers de chêne, qui s'ouvrent avec deux charnieres comme un livre, derriere lesquels des Soldats s'approchent d'un ouvrage à l'épreuve du mousquet : ils se dessinent avec de l'encre de la Chine, & se lavent de bistre ; quelquefois on les couvre de lames de fer, avec des roulettes qu'on met dessous pour les rouler commodément ; on les lave du côté de l'ennemy avec de l'indigue.

Marche d'armée, dans un plan se dessine avec de l'encre de la Chine par colonnes, ou par défilez, selon le terrain : La plus belle maniere est de dessiner les escadrons & les bataillons, avec l'artillerie & le bagage, dans son expression naturelle, quand on a assez de temps, pour les dessiner dans ce goust.

N.

NAPE-D'EAU, se dessine avec de l'indigue, & se finit de mesme, laissant le blanc du papier pour exprimer les boüillons & surgeons de l'eau, qu'il faut dessiner proprement.

NIVEAU de la campagne, s'exprime par une ligne ponctuée, qu'on appelle en perspective, la ligne horisontale, ou du plan de l'œil; on s'en sert aux profils de toutes les encavations & lits des canaux, des fleuves & rivieres.

NACELLE. *Voyez Barque, ou Bac.*

Natte de jonc, ou de paille; l'une se fait avec du bistre & du verd d'iris meslez ensemble, & l'autre se dessine avec de la gomme-gutte, qu'on ombre de bistre.

Nord de Boussole, s'exprimera par une pointe de dard, qu'on dessinera avec de l'indigue; ou avec de la pierre de fiel, si c'est une fleur-de-lis, comme on les voit presque toutes.

Niveau d'Ingenieur, est un tuyau de cuivre emboité dans deux ais creusez, qu'on joint avec de la colle forte, à chaque bout duquel il y a un trou en écrou, où entrent des entonnoirs de verre, dont les bouts sont garnis d'estain caves, qui se montant ne font qu'un corps, & l'eau d'un entonnoir va à mesme temps dans l'autre, de sorte qu'estant aresté par un bâton ferré, à la hauteur de quatre ou cinq pieds, mirant par les deux surfaces de l'eau contennë dans les deux entonnoirs de verre, on trouve dans l'instant les deux points de niveau dans une campagne : Il se dessine d'encre de la Chine, & se lave de bistre, les godets de verre se marquent avec de l'indigue, lavez de mesme tres-clair.

Noir : celuy de l'encre de la Chine est le meilleur pour employer au lavis.

Nez, se fait assez rouge, avec une teinte claire de vermillon, épargnant certain jour qui fait sortir le bout du nez en dehors du tableau.

Nuages : on les dessine avec du vermillon & du massicot, épargnant les jours, qui seront de massicot & de pierre de fiel fort tendre ; s'ils sont grisâtres, on y mesle de l'indigue; lorsqu'ils sont fort chargez, il faut mesler dans le coloris beaucoup d'indigue, faisant les jours de massicot & de vermillon, ou de vermillon clair couvert d'une teinte claire de pierre de fiel.

Nuages de nuit, se font avec un lavis d'indigue & de l'encre de la Chine, ajoûtant du massicot pour les jours; si la Lune éclaire, on les laisse tous blancs.

Noir de fumée, est propre en lavis en le broyant avec de l'encre ordinaire; elle devient par ce moyen tres-noire, & elle a une grande couleur dans un dessein fait à la plume.

Noyau. *Voyez Limon.*

Naturel: beau naturel, expression de peinture, avoir le goût du beau naturel, c'est ce qui s'acquiert par une longue pratique du deſſein & de la peinture ; il conſiſte dans la juſteſſe des proportions dans les membres, dans une harmonie parfaite du jour & de l'ombre, & une vivacité ſinguliere de coloris.

Nuit; c'eſt la pierre d'achopement de bien des Peintres, que de bien repreſenter un Ciel de nuit, avec les objets, au clair de la Lune ; en lavis on deſſine les terraſſes & les arbres, comme tout le reſte, pourveu qu'on mêle de l'indigue dans tous les coloris, de ce quon voudra repreſenter ; le Ciel ſe fait avec un lavis d'encre de la Chine & d'indigue ; la Lune ſe laiſſe toute blanche.

O.

OEil: ſe deſſine de carmin & de biſtre meſlez enſemble pour les fentes des paupieres ;

on lave le blanc dans les coins avec tant soit peu d'indigue, & on l'ombre d'un coup de biſtre du côté de l'ombre, faiſant les prunelles de la meſme couleur, en ombrant de noir ſi elles ſont noires.

Ombres, font paroiſtre les jours: Quand on ſçait bien confondre le jour avec l'extrémité de l'ombre, on peut paſſer pour habile en l'art de deſſiner.

Oreilles: ſe deſſinent de carmin tendre, & ſe lavent d'une teinte claire de vermillon, avec tant ſoit peu d'ocre, & un peu de biſtre dans les ombres; ſi elles ſont en fuyant, ou ſous des ornemens de teſte, ou ſous des cheveux, on les ombre à proportion.

Or: figures d'or, ſe repreſentent avec de la pierre de fiel, ombrant avec du biſtre; ou bien avec de l'or en coquille, ombrant de pierre de fiel meslée avec du bistre, s'il faut ombrer beaucoup.

ONGLES: se lavent avec du carmin bien clair, laissant le fond du papier pour le jour, & pour cette partie toûjours blanche qui touche la chair immediatement.

ORPIN, beau jaune; mais couleur dangereuse si l'on portoit le pinceau à la bouche, comme il arrive le plus souvent qu'on le fait sans y penser.

ORTOGRAPHIE: élevation ou description de toutes sortes d'objets élevez sur l'orison, avec leurs mesures geometrales; c'est autrement la perspective cavaliere; on s'en sert beaucoup dans l'Architecture militaire, à representer des morceaux élevez, parce que les mesures y sont observées; dans la civile, on s'en sert aux representations des façades des edifices qu'on veut construire; on y doit observer la dégradation des teintes, afin que les choses soient plus delicatement representées à l'œil. *Voyez à la Planche premiere B. & D.*

OEIL de beuf, espece de lucarne dont on se sert en Architecture pour donner jour aux galetas & aux greniers, qui sont immediatement sous le faîtage: on en dessine le couronnement d'encre de la Chine, lavé de mesme, le trou tout noir du côté du jour, & tout blanc lorsque la lucarne se trouve dans l'ombre de l'edifice.

OBSCURITÉ: air tenebreux, d'un antre, ou d'une voûte, se dessine avec de l'indigue & de l'encre de la Chine meslez ensemble.

ORNIERES de carosse, ou de

charrois, se marquent avec du biftre, touchant un peu fort du côté de l'ombre; lorsque c'est une pelouse, c'est avec du verd d'iris, ou du biftre, qu'on les lave.

Or en coquille, ne s'employe guere en lavis.

Obelisque: si elle est de marbre, on la dessine d'encre de la Chine, finissant avec tendresse de la mesme couleur.

Orgues d'une porte de place, se dessinent avec de l'encre de la Chine, colorées & lavées de biftre; si elles sont ferrées à leurs bouts, c'est avec de l'indigue; si elles estoient toutes de fer, comme il s'en peut trouver, elles se dessineront & se finiront d'indigue; en plan, on les represente seulement par une traverse de zeros, également espacez derriere le pont-levis.

ONDES & vagues de la mer & des rivieres, ou des lacs, se dessinent avec de l'encre de la Chine, & se lavent d'indigue, le blanc du papier estant épargné pour representer les jours & les flots qui blanchissent, comme l'écume qui paroist sur les bords, ou quelque fois sur le flot.

ORAGE: Ciel d'orage, se dessine avec de l'indigue & de l'encre de la Chine, ajoutant du vermillon pour les nuages.

OMBRAGE, est l'ombre d'un corps, lorsque le Soleil ou la Lune, en refléchissant dessus, en fait suivant leur degrez d'élevation, une representation sur le terrain; l'ombrage doit estre plus fort que le corps ombré, & il doit tenir de la teinte du corps, & de celle du terrain sur lequel il est, à moins qu'il ne soit sur quelque corps diafane, comme l'eau & le verre.

Ours: on le deſſine d'encre de la Chine, meſlée avec du biſtre, finiſſant par des traits plus forts que la teinte dont on a lavé.

Os: s'exprime en lavis avec de l'encre de la Chine, lavant avec une teinte claire de biſtre.

Or, trait: ſe deſſine avec la pierre de fiel, & s'ombre avec du biſtre, ou bien avec l'or en coquille.

Orteil, *Voyez Berme.*

Ordonnance, en Architecture, veut dire la diſpoſition qu'ont les parties d'un édifice, par rapport à la commodité, la ſolidité & la beauté, qui ſont les principaux objets de l'Architecture civile.

Ordonnance, en peinture, c'eſt la diſpoſition des ſujets, la belle maniere de placer les groupes des figures, en sorte que si c'est un sujet d'histoire, on en désine d'abord avec facilité le plus essentiel ; & c'est là le talent des Peintres habiles & consommez dans l'art.

P.

PIERRES fines. *Voyez Diamans.*

PERLES : se dessinent d'indigue, épargnant le fond du papier pour le jour, & donnant un reflex d'un coup fort, entre le bord ombré & le milieu de l'ombre.

PIEDS : lavez & dessinez comme les mains. *Voyez Mains.*

PRUNELLES des yeux ; se lavent tantost de bistre, tantost de bistre ombré de noir, tantost d'indigue si elles sont bleuâtres, on peut laisser un petit espace blanc qui paroift à tous les yeux du côté du jour, autrement il ne paroîtroit point eftre animé.

PAUPIERES d'yeux : fe deffineront de biftre & de carmin, fur tout celles de deffus ; celles de deffous doivent eftre beaucoup plus tendres.

PIERRES. *Voyez Cailloux.*

PARTERRE : les compartimens remplis de fleurs fe deffineront de diverfes couleurs, & les allées feront toutes blanches ; s'il y a de la broderie, il faut alors travailler à les remplir par des points de verd d'iris, ombrant avec du biftre.

PASTURAGE, Pacage. *Voyez Prairies.*

PARTAGE, dans un plan, ou carte, eftant fans bornes plantées, comme par des foffez & des hayes vives ; on peut les deffiner par deux lavis, qui se touchent de deux coloris qui tranchent ou qui sont opposez.

PALLIER de repos d'escalier, est cette marche d'espace en espace, beaucoup plus large que les autres, que l'on trouve immediatement avant d'entrer dans les appartemens ; s'il est de marbre, ou de de bois, dessinez & lavez selon leur coloris, l'un d'indigue, l'autre de bistre.

PAL, Planches: sont des Pilots équariez, plus larges qu'épais, qu'on enfonce au devant d'un plancher, fait pour arrester la poussée d'un mur nouvellement construit, ou des terres qui viennent d'estre remuées ; dessinez-les d'encre de la Chine, & lavez-les de bistre ; à moins qu'elles ne soient dans quelque lieu aquatique, en ce cas lavez-les d'indigue.

PARQUET:

PARQUET : est un assemblage de plusieurs pieces de bois ; pour servir, au lieu de pavé, dans les salles ; s'il est de bois de diverses couleurs en compartimens, il faut leur donner un lavis qui les represente comme ils feront ; le noir avec de l'encre de la Chine, le blanc avec le fond du papier, le rouge avec du bistre & du vermillon, &c.

PIÉDROITS : font les pieces de bois qu'on met à former les deux côtez des portes & croisées ; par un bout ils font sur le sueil, par l'autre ils soûtiennent le linteau ; dessinez & lavez d'encre de la Chine bien tendre.

PARAPET de rampart, est cette partie qui couvre le Soldat quand il tire sur l'ennemy ; s'il est de massonnerie, il faut tirer la ligne exterieure de carmin deliée,

& l'interieure de la mesme couleur plus forte; lavant de carmin clair la teinte fortifiée du côté de la place. *Voyez à la Planche deuxiéme B.*

PARAPET de gason, s'exprime avec deux lignes d'encre de la Chine, lavant de mesme, la ligne interieure plus forte. *Voyez à la Planche 2. C.*

PARAPET du chemin couvert, c'est la naissance du glacis du côté de la place; s'il est de muraille; c'est par une ligne de carmin : s'il n'est que de gason, c'est par une ligne forte d'encre de la Chine, lavant de la mesme couleur tendrement, pour marquer l'enfoncement du chemin couvert; & faisant perdre la teinte dans le blanc du papier du côté de la place. *Voyez à la Planche 2. G.*

PALISSADE: se dessine en plan par de gros points d'encre de la Chine à deux pieds & demi du glacis, c'est à dire sur la banquette du chemin couvert ; en élévation on les dessine d'encre de la Chine, & on les lave de bistre.

PLACE-D'ARMES d'une Ville: se laisse toute blanche dans un plan.

PLACE-D'ARMES à la gorge des bastions, se laisse encore toute blanche, à moins qu'on ne la lave en couleur quand l'ouvrage est en grand.

PASTURAGE. *Voyez Prairies.*

PLACE D'ARMES du chemin couvert, se lave avec du bistre, & un peu de vermillon, sur tout si l'ouvrage est en grand.

PLATTE-FORME, ou terrasse: se lave ordinairement de bistre, ou de gomme-gutte, si elle est fraîchement élevée.

PLATTE-FORME pour l'Artillererie : si elle est de brique dans un plan, on la marque par des lignes de carmin ; estant élevée, c'est par des traits de vermillon que se marquent les assises de briques & les lits de mortier ; si elle est faite de madriers, on la dessine avec de l'encre de la Chine, & on la lave avec du bistre ; à la reserve des bandes de fer qui se font d'indigue, & les clous avec de l'encre de la Chine.

PIQUES : on les dessine d'encre de la Chine, & on les lave de bistre & un peu de vermillon ; pour le bois, le fer & le talon, se font & se lavent d'indigue.

PIQUETS : on les exprime avec de l'encre de la Chine, & on les les lave de bistre.

PORTES de maisons, du côté

que l'edifice est ombré, il faut la laisser toute blanche, & du côté du jour toute noire.

Pont-levis : dans un plan se marque par une croix de S. André, faite de deux lignes noires qui marquent la longueur & la largeur du pont ; en élevation, les fléches & le pont se marquent avec de l'encre de la Chine, les chaînes & les anneaux seront définez & lavez avec de l'indigue.

Pont de bâteaux, se marque dans un plan par deux lignes d'encre de la Chine qui expriment sa largeur, formant de part & d'autre le bec des bâteaux ; en élevation, dessinez d'encre de la Chine, lavez de bistre ; & sur tout, ce qui touche l'eau sera lavé comme la ferrure, c'est à dire d'indigue ; on y dessine dessus par des traits delicats d'encre de la Chine en travers, les ais qui servent de plancher pour le passage des troupes.

Pont coulant, ou glissant, se fait avec une charpente qu'on désine, d'encre de la Chine, & qu'on finit de bistre.

Pont flottant, se fait avec des planches, ou des faisceaux de jonc, que l'on dessine avec de l'encre de la Chine, & qu'on lave de bistre dessus l'eau, & d'indigue à fleur-d'eau.

Petard : s'il est de fer, en profil, l'épaisseur du métail se laisse toute blanche entre des lignes d'encre de la Chine, l'ame se lave d'encre de la Chine, d'une teinte forte ; en relief, on le dessine & on le lave d'indigne ; s'il est de fonte, c'est avec du verd d'iris & de la pierre de fiel, ombrant de bistre.

PILE; est la partie d'un pont, composée de plusieurs pilotis; elles servent dans les ponts de pierre à porter les arceaux, & à resister à la rapidité de l'eau par leur bec à angles; aux ponts de bois, elles portent de la mesme sorte les grosses pieces de bois sur lesquelles sont posées les pieces qui en font la construction; elles se dessinent quand elles sont de pierre, du coloris de l'Architecture; & quand elles sont de bois, avec de l'encre de la Chine, lavant de bistre, & avec de l'indigue à fleur-d'eau.

PLANCHER: est un assemblage de plusieurs soliveaux & planches, servant de pavé dans une chambre. On dit aussi plancher d'un pont d'une batterie; vous vous servirez pour le dessiner d'encre de la Chine, lavant de bistre.

Pic : espece de bêche dont le fer est en pointe, pour travailler dans les marnes & terres de glaise ou pierreuses, dessinez d'encre de la chine, lavez le fer avec de l'indigue.

Poutres : se dessineront d'encre de la Chine, & se laveront de bistre ; lorsqu'elles sont dans un plan on les laisse toutes blanches, un trait fort du côté de l'ombre ; quand elles paroissent de front par leurs bouts, comme dans toutes les coupes sciographiques, on laisse tous les bouts blancs.

Potaux : sont de grosses pieces de charpente mises de bout pour porter ou lier d'autres pieces de bois. Potaux corniers, sont ceux qui portent les encoigneures d'un bâtiment. Potaux de remplage, servent à estre mis dans un pan de bois, entre deux croix
de

de S. André; on les deſſinera avec de l'encre de la Chine, & on les lavera dans une teinte claire de biſtre.

PROJETS: ſont tous marquez par des lignes noires, que l'on lave d'une couche de gomme-gutte, aprés avoir lavé & fini; ſi c'eſt pour un deſſein d'Architecture civile, toutes les épaiſſeurs des murs ſe font noires, & tout le reſte blanc, avec des lignes bien vives, on y paſſe ſur le tout une teinte de gomme-gutte. *Voyez à la Planche premiere A.*

PRAIRIES: on les marque avec du verd d'iris, & on les lave d'une teinte claire de verd de veſſie & de gomme-gutte, & de couleur d'eau dans certains endroits où les herbes ſont les plus vertes, & le terrain plus aquatique.

PRAIRIES marécageuſes, ſe

lavent de verd d'iris clair, avec des traits d'indigue dans les endroits où il y a de l'eau, on donne des teintes de couleur d'eau avec des traits de verd d'iris; pour reprefenter les joncs, les brouffailles, s'il y en a, ils fe deffineront & fe laveront avec du verd d'iris & du biftre.

Puits, en petit, s'exprime par un cercle de carmin, lavé d'indigue, ou de couleur d'eau; en grand, c'eft par des cercles concentriques de carmin, qui marquent les marches pour y monter, lavant l'épaiffeur du mur de carmin, la cavité du puits fera lavé de couleur d'eau ; en Architecture fervez-vous du coloris qui luy eft propre ; s'il y a un couvert d'ardoife, ou de plomb, fervez-vous d'indigue pour laver aprés avoir deffiné d'encre de la Chine.

POTERNES : font de fauſſes portes au bas des flancs couverts dans les places à la briſure de la courtine ; deſſinez-en les piédroits avec de l'encre de la Chine, laiſſant la porte toute noire ſi elle eſt dans le jour, & toute blanche ſi elle eſt dans l'ombre.

POTEAUX : bornes plantées dans tous les carrefours du Royaume, pour ſervir de guides aux troupes ; deſſinez d'encre de la Chine, & lavez en ſuite avec du biſtre, s'ils ne ſont pas peints, & avec du vermillon eſtant peints de rouge.

PEL A FER, ou Levier ; ſe déſine d'encre de la Chine, & ſe lave avec de l'indigue, avec un coup fort du coſté de l'ombre.

PARC d'Artillerie, en plan ſera deſſiné par des lignes noires d'encre de la Chine, les chariots, les affuts & les caiſſons, ſeront faits

& lavez de gomme-gutte ; en élevation, c'est avec du vermillon & du bistre qu'on les marquera.

Pied-d'estal, en Architecture, c'est tout ce qui appuye quelque figure, ou quelque groupe de colonnes, ou mesme un arc de triomphe ; on le dessine selon le coloris que l'on donne au reste l'ouvrage. *Voyez Architecture.*

Platte-bande, en Architecture, se laisse toute blanche.

Pied-droits, & pilastres, se dessinent d'encre de la Chine bien tendrement ; s'ils sont de marbre, on les lave d'indigue ; & s'ils sont de bois, on les lave de bistre.

Porche, lieu couvert à l'entrée des Eglises ; dans un plan, il se dessine par des lignes de carmin, si c'est dans un dessein d'Architecture militaire ; si c'est dans un dessein d'Architecture civile, c'est par des lignes noires : toutes les épaisseurs des murs seront noires, aussi bien que le cercle qui sert de base aux colonnes; s'il est couvert d'ardoise, lavez avec de l'indigue.

PORTIQUE, Porche spacieux, soûtenu d'un ordre de colonnes en Architecture civile; si c'est en plan, on fera comme nous venons de dire; ou bien voyez la Planche premiere A; en perspective, servez-vous du coloris du reste de l'edifice, donnant l'expression naturelle aux fuyans par les lignes & par une juste dégradation de teintes.

PORT DE MER : sera lavé de couleur d'eau, aprés avoir esté dessiné de bistre, ou d'encre de la Chine.

PELES de bois, seront dessinées & lavées de bistre.

Peles de fer; le manche se fera de bistre, & le fer sera marqué avec de l'indigue.

Pas de souris: *Voyez Berme.*

Panier à terre, & mannes à la Flamande, pour transporter les terres; vous les exprimerez avec de l'encre ds la Chine, & vous les laverez avec du bistre,

Pieus de fer & de bois, servant de fermeture, seront dessinez d'encre de la Chine, & seront lavez avec du bistre.

Pont dormant en place, s'il est de pierre, se dessine avec des lignes de carmin, faisant des lignes ponctuées à l'endroit des arches; s'il est de bois, les travées & le pont seront dessinez, les travées par des points d'encre de la Chine, & le pont par des lignes d'encre de la Chine, lavant son plancher avec du bistre attendû du cofté du jour.

PENTE : penchant, dans un plan, ou dans une carte topographique, fera deſſiné en lavant d'encre de la Chine, finiſſant par des traits de meſme couleur; ſi elle eſt de terre fraîchement remuée, on lavera de biſtre, & avec du verd d'iris & du biſtre, ſi l'on veut y marquer des morceaux de pelouſe, prenant bien garde de faire toujours plus tendre en fuyant & en allant en bas du ſomet.

POMPE à élever les eaux; ſi elle eſt de fer, deſſinez avec de l'indigue, & lavez de meſme; ſi les fuyans ſont de terre, deſſinez d'encre de la Chine, & lavez de biſtre meſlé d'un peu de vermillon; s'ils ſont de bois, ſervez-vous du biſtre pur, les tuyaux qui ſont ordinairement de plomb, ſe lavent & ſe deſſinent avec de l'indigue;

P iiij

s'ils sont de fer, faites de mesme, horsmis qu'il faut dessiner d'encre de la Chine, & laver avec de l'indigue bien fort.

POUTRELLE : est une piece à cinq pans, dont on se sert ordinairement dans les planchers des corps de caserne, parce qu'elles servent à soûtenir par deux de leurs pans, les berceaux de brique qui forment le plancher voûté ; si c'est en coupe de serographie, on en fait paroistre les testes toutes blanches ; si le dessous en paroist dans un dessein, les vives arestes se font avec des lignes tendres d'encre de la Chine, lavant avec du bistre.

Q.

QUEUE d'hirondelle : si l'ouvrage est revestu, on le dessine par une ligne de carmin tout pur; si l'interieur est de gazon; comme c'est l'ordinaire, c'est avec une ligne d'encre de la Chine qu'il est exprimé; le terreplein du rampart est lavé de la mesme couleur tres-clair, observant de marquer plus fort toutes les lignes exterieures.

CONTRE-QUEUE d'hirondelle; si les ouvrages doivent paroistre élevez; *Voyez Arcenal.*

QUARTIERS d'une Armée, seront marquez par des coloris differens, ou designez par les noms de ceux qui les commandent.

R.

REDOUTE en plan; si elle est revestuë, on en fait le plan avec des lignes de carmin, l'interieur plus fort; s'il est terreplein entre les deux lignes, on lavera d'encre de la Chine, si le parapet est de maſſonnerie, on le lavera d'une teinte de carmin; si on la veut repreſenter en élévation, qu'on voye l'article *d'Arcenal*, ou bien *à la Planche premiere D & E*.

RÉDENTS: ſe deſſinent de meſme que Redoute, ſi c'eſt un projet, on jette ſur le tout un lavis de gomme gutte; ſinon, lavez de carmin, ou d'encre de la Chine ſelon leur matiere. *Voyez Architecture*, ou bien *à la Planche ſeconde*.

REDENTS en élévation; ſi la maſſonnerie eſt de brique, deſſinez-les avec du vermillon par traits égaux, & également éloignez dans leurs ſiſes, pour exprimer les lits de mortier qui font la liaiſon; ſi la maſſonnerie eſt de pierre de taille, faites le coloris de l'Architecture, obſervant bien les regles du perspectif, c'est à dire que les fuyans soient bien touchez tendrement, & par dégradation.

RETRANCHEMENS : se marquent par des lignes ponctuées d'encre de la Chine, lavant de gomme-gutte.

RIVIERE : Fleuve, Ruisseau, se dessinent avec de l'indigue bien adouci des deux costez, vers le milieu de leur lit ; quand ils sont en petit, il faut donner un coup fort du costé de l'ombre, qui en rend plus sensible le serpentement.

ROCHERS : aprés les avoir désinez, lavez-les par teintes, tantost de bistre & d'indigue dans l'ombre ; tantost avec du massicot & du vermillon, ou du carmin tres-clair dans les jours ; les plus éloignez, se font avec des teintes bleüâtres pour les ombres; & dans les jours des teintes tres-claires, tantoſt de carmin, tantoſt de maſſicot, ſuivant l'illumination du Soleil.

Regle de bois, ſe deſſine avec de l'encre de la Chine, & ſe lave de biſtre; celle de fer ſe lave d'indigue, & ſi elle eſt de cuivre jaune, deſſinez-la de pierre de fiel, ombrez en ſuite avec du biſtre, meſlé de la meſme couleur, c'eſt à dire de pierre de fiel.

Rampart: s'il eſt reveſtu, en plan on le marque par une ligne de carmin, lavé de meſme; s'il eſt de gazon, c'eſt avec de l'encre de la Chine : generallement le terreplein des ramparts, ſoit de place ou d'ouvrages détachez, ſe deſſinent & ſe lavent avec de l'encre de la Chine, ombrant ou embruniſſant plus fort du coſté du loin-

l'une & l'autre Architecture. 181
tain, à cause qu'ils sont tous en superficie horizontale, cela se doit entendre pour les élevations.

La chemise d'un rampart, se marque quelque fois, apres avoir dessiné les briques ou les pierres, par une teinte claire de carmin, sur tout lorsque l'ouvrage est en petit, & qu'on n'en peut point marquer comodement les les sises des briques, ou des pierres; si le parement est de pierre, c'est avec un lavis d'indigue clair qu'on l'exprime. *Voyez Architecture.*

RAVELIN: ouvrage qui couvre les Courtines, & prend son feu des deux Bastions qui forment l'angle flanquant; se dessine & se lave de mesme que rampart, observant de toucher plus fort les lignes interieures, soit du carmin, soit d'encre de la Chine.

RESSORT: estant de fer ou

d'acier ; on le deſſine & on le lave d'indigue, mais bien clair, épargnant le fond du papier pour exprimer le poli, s'il y en a.

RATELIER à chevaux : il ſe deſſine avec de l'encre de la Chine, & ſe lave avec du biſtre, obſervant de donner un trait plus fort que les autres du coſté de l'ombre.

RETRAITE : c'eſt un terme équivoque qui ſignifie en Architecture civile, un petit eſpace qui regne autour d'un edifice d'eſtage en eſtage, pour luy donner plus de ſolidité, en amoindriſſant l'épaiſſeur des murs ; on la laiſſe toute blanche en plan ; en élevation on la lave un peu fort le long de l'extrémité qui joint le corps du mur ; en Architecture militaire, c'eſt proprement la Berme, qu'on appelle autrement Relais, Pas de souris, &c. dont l'usage est de retenir les terres qui s'éboulent par les gelées ou les pluyes, empêchant qu'elles ne tombent dans les fossez; on n'en fait qu'aux ouvrages de terre.

Reflex: c'est un coup fort entre le milieu de l'ombre & le corps ombré, ce qui donne en partie l'expression de rondeur à tous les corps qui la doivent avoir en representation.

Rehauts: sont les extrémitez des jours, en lavis, le fond du papier sert de rehauts; ce n'est pas que quelque fois, quand on lave sur le tout, les rehauts ne sont plus le fond du papier, c'est à dire blancs; mais de la couleur qu'on jette sur le tout.

Rochers: sur le devant d'un dessein en païsage; lavez-les de bistre & d'ocre meslez ensemble, avec un peu de vermillon ; ayant deſſiné leurs eſcarpes avec de l'encre de la Chine, ou de l'indigue, dont on donne des coups pour les ombres.

ROCHERS : vers le milieu du tableau ſeront deſſinez plus tendrement, avec de l'indigue, ombrez de meſme, donnant ſur les jours quelques teintes de maſſicot, ou de gomme-gutte claire, obſervant de finir plus tendrement, plus l'on va vers l'horizon.

ROCHERS du lointain, ſe déſineront avec une teinte claire d'indigue, lavant d'une teinte tres-claire de carmin, ombrant avec de l'indigue fort tendrement.

RAINEAU : eſt le nom qu'on donne à des pieces de charpente, qui tiennent en liaiſon les teſtes des pilotis dans une digue, ou la fondation de quelque édifice ; déſinez finez-le avec de l'encre de la Chine, lavez-le avec de l'indigue, s'il est à fleur-d'eau.

RADIER : est une espece de seconde grille propre à porter les planchers sur lesquels on commence dans l'eau les fondations des écluses, les baſtardeaux, & autres ouvrages qui se fondent dans l'eau ; si c'est à découvert, deſſinez-le comme nous avons dit, à grilles, obſervant de donner sur le tout un lavis avec de l'indigue, si le Radier doit eſtre soûtenu.

ROULEAUX : sont des pieces de bois de figure cilindrique, ou ronde, dont on se sert pour traîner des poutres & autres groſſes pieces de charpente, d'un lieu à un autre : Comme ce sont des piles de colonnes renverſées sur terre, il faut leur donner également par tout l'expreſſion de rondeur, en les ombrant n'oubliez pas le reflex dans le milieu du jour, aussi bien que dans le milieu de l'ombre.

Radeau, quantité de pieces de bois, equerriées ou non, qu'on assemble par deux, ou trois, ou quatre lits, dans le lieu où elles ont esté travaillées, pour les faire aller sur une riviere, ou fleuve, pour le commerce dans les grandes Villes ; dessinez-les d'encre de la Chine, & lavez-les avec de l'indigue, faisant leurs rames de bistre, aprés les avoir dessinées avec de l'encre de la Chine.

Rampe d'escalier, est une grosse piece de bois equerriée, au travers de laquelle les marches sont attachées par de grosses chevilles, pour monter au haut d'un edifice, il faut les dessiner comme le reste de l'escalier.

RAVINE, c'est une pente de terrain difficile à monter ; les ravines se dessinent avec de l'encre de la Chine, lavant de la mesme couleur & tendrement, à moins qu'il n'y ait quelques saillies de rocher, ou de broussailles, en ce cas il faut les dessiner par dessus.

RUES; dans un plan elles se laissent toutes blanches; si les ruës ont trois ou quatre lignes de largeur dans un plan; si c'est pour un projet, on les lave, comme tout le reste, de gomme-gutte ; sinon on donne le coloris du pavé, ou du terrein qui les forme.

RAYONS du Soleil, se dessinent par traits de pierre de fiel, lavant de massicot, avec un peu de vermillon, ou de carmin.

RETRAITS. *Voyez Latrines.*

RELIEF : Bas Relief ; si c'est dans les frises, dans les metopes, dans les frontons, ou autres morceaux d'Architecture; on les dessine correctement avec de l'encre de la Chine, lavant du coloris du reste de l'ouvrage; s'ils sont de bronze doré, on les dessine de pierre de fiel, & l'on ombre de la même couleur meslée avec du bistre; si le bas relief paroist comme ruiné par le temps, c'est au dessineur à luy donner le goût par l'industrie, de donner des coups peu signifiez & interrompus, pour exprimer ce que le temps en a ruïné.

RENFORT premier, second renfort, terme d'Artillerie, c'est l'épaisseur, depuis les tourillons jusqu'à la culasse. *Voyez Canon pour le lavis.*

S.

SOURCILS, seront lavez & dessinez avec de l'ocre & du

bistre pour les blonds, du bistre & du noir pour les chastains, & pour les bruns, par traits, selon l'arrangement des poils.

Sourcils, pour les grisons; on se servira d'indigue meslé avec le fond du papier, & quelques traits d'encre de la Chine.

Stil de grain, couleur jaune, qui sert à laver quelque fois dans les draperies.

Source de fontaine, de fleuve, de riviere, &c. se dessine & se lave avec de l'indigue, les cailloux & rochers qui sont dans l'eau, de mesme que ceux dont nous avons déterminé le coloris; ainsi *voyez Cailloux, voyez Rochers.*

Sonnettes, ou Grelots, lavez-les de pierre de fiel, & les ombrez de pierre de fiel, & de bistre.

Selle de Cheval, le siege sera

fait du coloris de l'étoffe dont on veut qu'elle soit en representation; en ce cas c'est aux Draperies qu'il faut avoir recours; le reste de la selle, si c'est de vache de roussi, on lave avec du carmin tendre, & pour les arçons, le troussequin & le pomeau, servez-vous du bistre, lavant de la couleur dont ont veut qu'ils paroissent, si le pomeau se fait doré, en ce cas il faut laver & ombrer de pierre de fiel & de bistre; ou bien avec de l'or en coquille, ombré de pierre de fiel & du bistre.

SABLIERE, est la piece qu'on met en charpente, le long d'un pan de bois; dessinez avec de l'encre de la Chine, & lavez avec du bistre.

SOMMIER, est une piece de charpente moins grosse qu'une poutre, & plus grosse qu'une solive; son usage est de soûtenir les poutres trop longues; en grand, c'est avec du bistre pour le dessein & le lavis; autrement, c'est avec de l'encre de la Chine, lavant du bistre.

SAPPE: s'exprime avec des points de carmin, lorsque la contrescarpe est de massonnerie, sinon avec des lignes ponctuées d'encre de la Chine, lavant sur le tout avec de la gomme-gutte fort clair.

SAUCISSE de mine, ou de fourneau; exprimez sa route par une ligne ponctuée d'encre de la Chine, ou par deux lignes à points serrez avec de l'indigue.

SCENOGRAPHIE: c'est un terme dérivé du grec, qui signifie *Description de Scene*; on se sert de ce terme à présent pour exprimer l'art de representer dans leur veritable relief toutes sortes d'edifices, & il s'applique dans tout ce qui est dans les regles de la perspective.

Sciographie; c'est à dire coupe perspective d'un ouvrage d'Architecture, en sorte qu'on voit toutes les parties interieures; comme chambres, cheminées, escaliers, &c. qu'une façade, ou autre mur d'un edifice, empêcheroit de voir, si on ne l'avoit comme enlevé, ou comme laissé à part.

Saignée de fossé, se marque par deux lignes ponctuées avec de l'indigue, lavant de mesme, si l'eau coule.

Saillies, dans une coupe sciographique se laissent toutes blanches, en exprimant correctement les lignes de leurs profils; en perspective, on les dessine d'encre de la Chine, lavant avec le coloris

coloris du reste de l'edifice ; en charpente c'est avec la couleur propre à la charpente.

SERPE : le manche se dessine avec de l'encre de la Chine, & se lave avec du bistre, observant que tous les manches doivent avoir leur expression de rondeur par leurs ombres & leurs reflex ; lavez le fer avec de l'indigue, dont le trenchant doit estre exprimé par une ligne deliée, avec tout le blanc du papier.

SAC A TERRE : se dessinera avec du bistre, & se lavera avec la mesme couleur, en ombrant & donnant le reflex.

SPONTON, espece de javeline, se doit dessiner & se doit laver de bistre, & le fer avec de l'indigue, aussi bien que le talon ; on s'en sert à deffendre & attaquer une brèche, & dans tous les autres coups de main.

Soleil, se dessine de pierre de fiel sur une couche tres-claire de vermillon, rehauffant de maffi-cot, ou de gomme-gutte, & épargnant pour les grands jours le fonds du papier, cela fait un meilleur effet; on peut dorer aussi en rehauffant quand on sçait se servir de l'or en coquille, ce qui n'est pas difficile, pour peu d'application qu'on veille avoir en le démeflant avec l'eau gommée & un peu de savon.

Serbacane, instrument de fer blanc fait en cane tronque, pour porter la voix fort loin; définez avec de l'indigue, fini de mesme.

Serpent: deffinez avec de l'encre de la Chine sous le ventre, lavez de gomme-gutte tendrement quelques coups, artistement arrangez, avec de l'indigue

& de l'encre de la Chine; le dessus se fait par petites taches grisâtres, avec du bistre & de l'encre de la Chine.

SERRES, appartemens voûtez pour mettre pendant l'hiver les Orangers & autres arbustes qui ne peuvent subsister au grand air pendant les froideurs; dessinez selon leurs proportions avec de l'encre de la Chine, observant d'ombrer beaucoup leur ouvertures, pour exprimer le sous-terrein.

SILLONS d'un champ en verdure; dessinez-les par traits de verd d'iris, lavez avec de la gomme-gutte, meslée avec de la couleur d'eau, ce qui fait un tres-beau verd pour exprimer la verdure naissante du froment.

SILLONS, route d'un bâtiment qui va à contrevent; marquez-les dans une carte de route de mer, par des lignes ponctuées avec de l'indigue.

Surgeons d'eau, se deſſinent avec de l'indigue, & se lavent de meſme, épargnant le fond du papier pour les boüillons blancs, qui expriment les bonds des caſcades.

Sonde de Pilote, se deſſine avec de l'indigue, lavant d'une couche tendre de gomme-gutte, la corde qui la ſoûtient se deſſine avec de l'indigue.

Surtout, chariot à deux roües dont on se sert dans les equipages d'armée ; deſſinez avec de l'encre de la Chine, & lavez de biſtre ; pour la toile peinte qui couvre le Surtout, on lavera du coloris qui luy sera propre ; la ferrure des roües sera exprimée avec de l'indigue ; les moyeux seront tout noirs.

Stoupette, terme d'Artificier; c'est une méche de cotton imbibée d'eau-de-vie, dans laquelle on a délayé de la poudre fine; estant enflamée, on la dessine avec des points de vermillon, de gomme-gutte, & du massicot.

Sortie: c'est une action que font les assiegez sur les assiegeans, pour renverser leurs ouvrages, enclouër l'artillerie, & interrompre tous les postes d'une contrevallation; en plan on la marque de mesme qu'une contre-approche, ou par des points, ayant une pointe du costé de la campagne.

T.

Tranche'e: dessinez avec de l'encre de la Chine, & lavez de gomme-gutte du costé de l'ennemy, ce qui marque qu'on a jetté la terre de ce costé-là pour se couvrir; la ligne du boyau se marquera plus forte de ce mesme coste, pour marquer qu'il est plus élevé.

Talud de rampart, ou de contrescarpe; en plan, on le laisse tout blanc; en profil, on le lave & on le dessine de carmin, marquant les assises des briques, & les joints des pierres, s'il y en a.

Talud de terre remuée, sans parement de gazon, se lave de bistre, meslé avec un peu de vermillon.

Talud, avec un parement de gazon; on le dessine avec de l'encre de la Chine, & on le lave avec du verd d'iris, fini du costé opposé au terre-plein.

Talud de rochers escarpez; si c'est dans un dessein, *voyez Rochers*; si c'est en plan, on exprimera les cavitez & enfoncemens, avec des traits & des teintes d'indigue, & en certains endroits forts, avec de l'encre de la Chine.

TRAVERSE de foſſé, dans un plan, ſe marque par des lignes ponctuées avec de l'encre de la Chine qui en expriment la largeur, lavant de gomme-gutte ſur le tout.

TENTES canonieres & Pavillons, ſe deſſinent avec de l'encre de la Chine, & ſe lavent avec de l'indigue.

TROUPEAUX : ſeront deſſinez avec de l'encre de la Chine ; ſi c'eſt des vaches, lavez avec du biſtre : ſi c'eſt des moutons, avec de l'indigue, ſur tout s'ils ſont éloignez ; deſſinez-les avec de l'encre de la Chine s'ils ſont ſur le devant du tableau.

TERRASSES couvertes de gazon, se dessineront de terre verte meslée avec de l'encre de la Chine, ou du bistre, du costé de l'ombre ; les jours se dessineront de gomme-gutte, pointillant dessus avec de la couleur d'eau & d'indigue ; si c'est dans un fuyant, servez-vous de la couleur d'eau toute pure dans les grands jours.

Terrasse sans gazon, se lavera d'une teinte claire d'indigue, meslée avec du bistre & un peu de vermillon, ombrant avec du bistre & de l'indigue,

Terrasse au bord d'une Riviere, sera lavée de verd d'iris bien clair, & donnant pardessus des coups tendres rougeâtres de bistre meslé avec du vermillon ; tantost de couleur d'eau, meslée de gomme-gutte dans les jours ; en certains endroits prés de l'eau, avec de l'indigue.

TERRASSE des lointains, s'exprimera avec de l'indigue & du verd de vessie, clair & bien fini, & de l'indigue seul dans les ombres, toutesfois lavant avec tendresse.

TEINTES en païsage, celles qui approchent, ou qui expriment les sujets sur le devant du tableau, seront jaunâtres; celles qui sont pour l'expression des fuyans, se feront bleuâtres.

TERRE D'OMBRE, couleur brune propre à ombrer lorsque l'on n'a point de bistre; la terre qu'on appelle de Cologne fait le mesme effet.

Il faut broyer ces terres avec de l'eau sur un marbre pour pouvoir s'en servir en lavis; en suite les délayer dans des verres avec de l'eau; quand le plus grossier sera precipité au fond du verre, versez dans un autre verre la liqueur la plus remplie des parties subtiles de la couleur, c'est à dire celles de dessus ; dans vingt-quatre heures, tout ce qu'il y a de couleur se trouvera precipité au fond ; c'est cette couleur qui est tres-propre en lavis, & l'autre ne peut servir qu'en rebroyant.

TROMPETTE : se dessine de pierre de fiel, & se lave de mesme, meslant du bistre pour ombrer les banderolles, & les cordons se feront du coloris dont on voudra les exprimer ; s'il y a de la broderie rehaussée, on peut dessiner de pierre de fiel, & rehausser avec de l'or en coquille, ombrant avec du bistre de mesme qu'en bas-relief, mais plus tendrement, à cause que le fond est icy de l'étoffe.

TROMPE d'elephant, se lavera de bistre, & un peu d'encre de la

Chine bien clair, aprés avoir définé d'encre de la Chine bien tendre.

TOURBILLON de pouffiere;
deffinez avec du biftre & de l'encre de la Chine bien clair, à peu
prés comme une fumée, horfmis
que la fumée monte en plain air
avec liberté; & il faut exprimer
icy l'oppofition des vents qui font
effort l'un contre l'autre pour fe
furmonter.

TERREIN: *Voyez Terraffes.*

TOUR: fera deffinée avec de
l'encre de la Chine, & fera lavée
du coloris de l'Architecture; pour
fon couvert, s'il eft d'ardoife ou
de bardeau, vous laverez avec de
l'indigue.

TOUR à tirer quelque chofe
par le moyen d'un cable; deffinez
avec de l'encre de la Chine, &
lavez avec du biftre.

Tire-bourre : dessinez avec de l'encre de la Chine, lavez avec de l'indigue ; pour la baguette, lavez avec du bistre lorsqu'elle sera de bois.

Traverses de Gabions : *Voyez Gabion.*

Tenaille, en plan ; tirez vos lignes avec du carmin, si c'est de la massonnerie, & lavez le terre-plein & le parapet avec une teinte claire d'encre de la Chine, plus forte vers les lignes interieures ; en élevation : *Voyez Arcenal.*

Ouredent ; si l'ouvrage est élevé en petit, marquez le parement, s'il est de brique, d'un lavis clair de carmin ; si c'est de massonnerie, un lavis tendre d'indique ; si c'est un parement de gazon, marquez-le avec un lavis de verd d'iris.

Topographique : c'est à dire,

Description particuliere; ou autrement, La Carte d'une terre, d'un gouvernement, par un détail qui en exprime le plus remarquable; comme vignes, prairies, maisons, ruisseaux, c'est une Carte topographique.

TOIT, ou comble, est l'assemblage de toutes les pieces d'une charpente servant à couvrir un bastiment.

TYMPAN, signifie un tambour; en Architecture, c'est cette partie du fronton la plus considerable, qui est la forme triangulaire, dont la baze repose sur l'entablement, les deux autres costez estant couronnez de deux corniches, ce qui fait tout le corps du fronton; désinez-le avec de l'encre de la Chine; s'il est de marbre, avec de l'indigue, aussi bien que les bas-reliefs, presque tous effacez par le temps, dont ils font prefque tous enrichis; s'il eft de pierre, lavez le tout uni avec le coloris du refte de l'edifice; en ce cas, *voyez Architecture*.

TYMPAN : eft une rouë creufe (en hydrolique, ou art d'élever les eaux) laquelle ayant des cavitez dans fon épaiffeur, l'eau eft portée de la hauteur à peu prés du diamettre de la rouë qui la verfe dans une caiffe, ou un canal; deffinez-le avec de l'indique, & lavez de mefme, en meflant du biftre pour les ombres, & les coups forts.

TOMBEAUX : Maufolées de marbre, fe deffinent avec de l'encre de la Chine, fi le marbre eft blanc, & fe lavent avec de l'indigue, s'il eft noir; aprés avoir définé, on paffe un lavis d'encre de la Chine fur le tout, & l'on finit avec une teinte encore plus noire; il faut mettre dans la teinte de l'ébauche un peu d'indigue.

TARIERE de Charpentier, en clavetiere; s'exprime avec de l'encre de la Chine, & se lave, c'est à dire le manche avec du bistre, & le fer avec de l'indigue.

TARIERE de mineur, en grain d'orge; dessinez & lavez de mesme que celle cy-dessus.

TERME, figure à demi corps, sur un pied droit, fort en usage parmy les anciens Romains, & presentement dans les jardins de plaisance, & dans les perspectives & décorations de theâtre; lavez & dessinez du coloris de tout l'ouvrage; la maniere est de les exprimer avec de l'encre de la Chine, se servant d'un lavis d'indigue.

TESTONS: doivent estre lavez en sorte qu'ils paroissent bien tendres, & dans une expression parfaite de rondeur; c'est avec une teinte d'indigue tres-claire qu'on les ombre en lavis, donnant un coup de carmin tres-clair sur le bec.

TRETEAU, appuy d'une table en forme d'une croix de S. André, arresté par des cordons, ou des sangles; vous le marquerez avec de l'encre de la Chine, & vous le laverez avec une teinte de bistre.

TORCHES, platras; se dessinent avec de l'encre de la Chine, & se lavent avec de l'indigue, ombrant avec un peu de bistre.

TORTIL de more; si c'est d'un linge, dessinez & lavez avec de l'indigue; s'il est de taffetas, voyez dans l'article des Draperies, le coloris dont vous voulez vous servir.

TOTUM:

l'une & l'autre Architecture. 209

TOTUM: corps regulier à douze ou à vingt faces, sur lesquels on grave des chiffres, pour faire joüer les jeunes gens; ils se font d'os, d'yvoire ou de métail; pour les dessiner, il faut entendre la Geometrie, de quelle matiere qu'ils soient, leur coloris sera trouvé facilement, aprés ce qui a esté dit.

V.

VERD d'iris, tres-bon au lavis; nous donnerons le secret de le faire en perfection.

VERD de vessie, est bon à laver les prairies marécageuses, mêlé avec de la couleur d'eau, & propre à laver les tapis de verdure, & prairies dans un verd naissant, estant meslé avec ladite couleur.

VERMILLON, ou cinabre, couleur rouge artificielle qui s'employe à la place du minium des anciens, qu'on ne trouve plus que dans les livres.

VESTIBULE : se dessine en plan avec des lignes vives d'encre de la Chine, & se lave de gomme-gutte; en élevation, c'est avec le coloris de tout le reste de l'Architecture ; s'il paroît à découvert avec des figures de marbre blanc, c'est avec de l'encre de la Chine qu'il faut dessiner, lavant avec de l'indigue, & observant d'exprimer bien leur relief de rondeur par ombre, & par les reflez.

VAISSEAU Marchand, ou de Guerre; dessinez-le d'encre de la Chine & lavez de bistre ; tout ce qui sera de fer sera lavé d'indigue, aussi bien que les cordages & les voiles.

VIGNES : dans les Cartes topographiques, & dans les places, seront deffinées avec de l'encre de la Chine, meflée de biftre, fi c'eft l'hyver ; fi c'eft dans l'efté, deffinez-les avec du verd d'iris & du biftre, en fuivant l'alignement de leurs feps, en forme de la lettre S. avez une ligne droite qui la traverfe à plomb, pour marquer l'échalas ; on peut auffi donner deux ou trois coups de verd d'un cofté & d'autre pour les feüilles.

VOUTE : toutes fortes de voutes, ou berceaux, en plan fe marquent par des points de carmin ; en élévation, c'eft avec de l'encre de la Chine, lavant avec de l'indigue, ou du coloris de l'Architecture dont elle fait partie : Si la voute forme un plan à part, il faut alors la deffiner en lignes noires, les épaiffeurs lavées de noir pur, jettant sur le tout une teinte de gomme-gutte claire; les impostes se laissent blanches, soit qu'elles soient veuës à plein, ou en coupe sciographique; l'obscurité qui est formée par l'ombre de ses murs, se marquera avec de l'indigue, meslé avec de l'encre de la Chine, & un peu de bistre.

Villages : dessinez-les avec de l'encre de la Chine, & lavez-les avec du bistre, s'ils sont construits de terre; s'ils sont de pierre, ou d'autre massonnerie, lavez-les de bistre meslé d'un peu de vermillon; le mieux est de faire, quand ils sont grands, des maisons de deux ou trois sortes de coloris, pour égayer le païsage; les couvertures se feront de vermillon avec du bistre, pour exprimer les tuiles; servez-vous de gomme-gutte avec du bistre pour les couverts de paille, & d'indigue pour l'ardoise, sur tout pour les Châteaux, & les clochers des Eglises.

VILLAGES, vers la premiere terrasse, se dessineront avec de l'encre de la Chine, & se laveront d'une teinte de carmin claire, aprés avoir ombré & fini ; les portes & fenestres se dessineront proprement toutes blanches du costé ombré, & toutes noires du costé illuminé.

VILLAGE embrasé, avec les flames sortant des toits, des fenestres & des portes, se dessineront avec de l'encre de la Chine tendrement, dessinant les flames avec du vermillon & du massicot ; & les fumées avec de l'indigue & de l'encre de la Chine meslez ensemble.

VILLAGES ruïnez, se dessineront, les maisons moitié rompuës & détruites, sans toit, par des traits avec de l'encre de la Chine, y meslant du bistre.

VALLONS, doivent estre plus fortement touchez que les côteaux; parce qu'ils sont plus prés de la terre, & par consequent plus sensibles, à cause de la grossiereté de l'air, & de la proximité de l'œil.

VITRAGE, se dessine avec de l'encre de la Chine, & se lave avec de l'indigue bien clair.

VELOURS, draperie de velours, se dessine avec de l'encre de la Chine & de l'indigue; s'il est noir, il se lave de mesme. *Voyez Draperies.*

VINDAS, tour à deux garrots en croix, instrument ordinaire dans les machines à élever les fardeaux; dessinez-le avec de l'encré de la Chine, & lavez-le avec du bistre.

Voiles de bâtiment, seront dessinez & lavez avec de l'indigue.

Voile de crespe, vous y employerez de l'encre de la Chine, & jetterez sur le tout un lavis clair d'encre de la Chine & d'indigue.

Verdure naissante, lit de gazon ; lavez avec du verd de vessie meslé avec de la couleur d'eau ; si elle est jaunâtre, meslez de la gomme-gutte, au lieu du verd de vessie, ou bien avec les deux autres couleurs.

Ventriere : est une grosse piece de bois equariée, qu'on met devant une rangée de pal planches, afin de mieux couvrir un ouvrage de massonnerie contre l'effort du courant de l'eau, ou bien pour tenir contre la poussée des terres quand on fait une terrasse ; on la dessine avec de l'encre de la Chine, & l'on la lave avec du biſtre, obſervant que toutes les vives areſtes des pieces de bois equarriées doivent eſtre ſignifiées par une ligne tres-deliée d'encre de la Chine.

VOLETS, paravents dont on couvre les croiſées ; s'ils ſont peints de rouge, on les deſſine avec de l'encre de la Chine, & on les lave de vermillon, ou de carmin.

VANTELLES d'une écluſe, ſeront deſſinées avec de l'encre de la Chine ; ce qui eſt ſur l'eau ſera lavé de biſtre, & ſous l'eau, c'eſt avec un lavis clair d'indigue.

VOLE'E d'une piece d'Artillerie ; c'eſt la cavité de la piece depuis la culaſſe juſqu'au bout de la piece. *Voyez Ame.*

VIS, machine inventée par Archimede, pour tirer un fardeau par un grand effort, mais avec lenteur ; ſi elle eſt de bois deſſinez-la la avec de l'encre de la Chine, & servez-vous du biſtre pour le lavis; les arſtes qui forment la vis doivent être deſſinez proprement.

AVIS.

ET Ouvrage eſt trop petit pour pouvoir comprendre un coloris pour tous les objets viſibles de la nature; on eſt perſuadé qu'on n'en a mis icy qu'un petit échantillon; c'eſt un ſujet trop vaſte, & on dira ſans rougir avec un grand Auteur, *Quantum eſt quod neſcimus*; on croit toutes fois qu'il y aura icy ſuffiſamment des exemples, pour rendre les jeunes gens capables de donner un coloris naturel sur le papier à tous les objets qui ne sont point icy compris; c'est une chose tres-facile, lors que l'on a l'esprit & la main rompus à cette pratique : Si on avoit crû bien faire, on y auroit mis un Traité pour les Fleurs, mais comme elles n'ont pas la beauté en papier qu'elles ont sur le velin, & qu'elles sont faciles à imiter quand on les a devant soy; on n'a point donné la maniere d'en colorer aucune, chacun aura toutes fois la liberté d'en faire, en se servant des principes que l'on a donnez dans tout cet Ouvrage; on souhaite que l'on en tire toute l'utilé que l'on s'est proposé; pour peu qu'on veüille joindre l'application à l'inclination naturelle, chacun y reüssira sans doute selon la portée de son esprit, & mesme dans peu de temps; sans quoy on ne sçauroit faire aucun progrés dans aucun art, ny dans aucune science, quelque vivacité d'imagination, & quelqu'étenduë d'esprit que l'on ait : Tous les termes des Arts estant icy meslez, cela ne contribuëra pas peu à en donner une bonne teinture, puisque ce sera en apprenant à donner l'expresspression du relief aux pieces que l'on explique par leurs termes propres. On n'a donné des définitions, que lorsque l'on a crû qu'elles n'estoient point de la connoissance de tout le monde ; c'est ce qu'on a voulu dire avant de finir. Pour rendre ce Livre encore plus utile, on a jugé à propos d'y ajoûter les pl^s beaux secrets pour faire les couleurs, dont les plus habiles en l'art de laver se servent, y en ayant mesme qui n'ont point encore esté connus que de tres-peu de gens.

SECRET

Pour faire la bonne encre à deſſiner & pour écrire.

PRenez une livre de noix de galles, concaſſez-les avec un marteau, & mettez-les en infuſion dans un vaſe de verre, avec deux pintes d'eau claire, au Soleil d'eſté, s'il ſe peut, l'eſpace de quinze jours, remuant de temps en temps ; aprés cet intervalle, coulez cette infuſion à travers une toille neuve, ou la toile de crin ; dans un plat de terre verniſſé, verſez dans un autre plat deux onces de gomme arabique en morceaux, avec la moitié de voſtre infuſion ; dans l'autre moitié faites diſſoudre deux onces & demy de couproſe verte d'Allemagne pendant vingt-quatre heures, aussi bien que la gomme qui est dans l'autre plat ; joignez en suite les deux infusions ensemble, & vostre encre sera faite ; mais elle ne sera en estat de perfection que huit jours aprés.

SECRET,

Pour faire de tres-bonne encre sans noix de galles, laquelle peut servir à laver des plans, & autres desseins, aussi bien qu'à tirer des lignes tres-vives.

PRENEZ demy livre de bon miel, dans lequel vous jetterez un jaune d'œuf, que vous battrez long-temps ensemble, à l'aide d'un coûteau de bois, ou bâton ; prenez en suite trois dragmes de gomme arabique en poudre fine que vous y mettrez, remuez le tout souvent pendant l'espace de trois jours, avec un bâton de bois verd, le noyer est plus propre; en suite meslez-y du bon noir de fumée, jusqu'à ce que le tout soit comme une espece de paste, laquelle on laissera sécher si l'on veut en faire une encre portative: Quand on voudra s'en servir, il faudra la détremper avec de l'eau, ou avec une lessive de cendres de serment, ou de bois de chesne, ou de noyer, ou mesme de noyaux de pesche.

SECRET

Pour faire la couleur d'eau, dont on lave les eaux mortes dans les plans.

PRENEZ du vinaigre distillé, ou du bon vinaigre blanc, dans lequel vous mettrez dissoudre du verd distillé en poudre, ou à son deffaut du bon verd de gris, aussi en poudre, dans un plat vernissé, sur les cendres chaudes, en sorte que le vinaigre surnage de deux doits pardessus la demi livre de vostre verd; quand il commencera à estre échauffé, ce que vous connoistrez par la vapeur qui en sortira, vous y mettrez moitié de la dose du verd de gris que vous y avez mis, de la crême de tartre de Montpellier, en partie lorsque la crême de tartre sera dissoute, ce que l'on connoistra en passant un bâton jusqu'au fond, & le retirant en traînant le long des parois du vase, voyant que tout est dissout, il faudra croître la liqueur avec de l'eau, jusqu'à ce qu'en la faisant diminuer de moitié par le moyen de la digestion sur les cendres chaudes, vous connoissiez qu'il en reste assez pour vostre usage, ou bien que vous en fassiez l'épreuve sur un papier blanc. Vous prendrez garde que vostre vaisseau ne s'échauffe trop, & que vostre couleur ne boüille, car tout viendroit à se tourner, & il faudroit recommencer de nouveau l'operation : Il est necessaire aussi de ne point souffler dans les cendres, afin qu'il ne tombe rien dans le plat qui puisse ternir la couleur ; aprés donc que la liqueur aura diminué comme il faut, ce que vous connoîtrez en la couchant avec un pinceau sur du papier blanc, & lorsque vous la trouverez assez forte pour vous en servir, vous verserez cette liqueur dans des fioles de verre pour l'occasion ; le tartre commun peut servir au deffaut de crême de tartre, mais il ne fait pas si bien.

SECRET
Pour faire de tres-bonne encre de la Chine.

PRENEZ du noir de fumée, que vous broyerez longtemps sur le marbre avec de l'eau bien gommée ; vous y meslerez un peu d'indigue bien broyé, vous broyerez encore le tout pendant deux heures ; aprés quoy vous l'assemblerez de la hauteur des bâtons que vous voudrez former pour les faire sécher ; les ayant taillez avec un couteau de la grandeur qu'il vous plaira, vous les marquerez si vous voulez avec un moule de fer, ou de bois froté de noir, afin que la gomme ne les attache pas contre les parois du moule ; on peut se servir de noir de noyaux de pêche, ou de noir d'os, ou d'yvoire, au deffaut de noir de fumée, en brûlant les matieres dans un creuset étouffé d'une brique, qui en bouche bien l'ouverture.

SECRET

Pour faire le Carmin à peu de frais.

AYEZ du vinaigre diſtillé, mettez-le dans une bouteille de verre, avec demi livre de breſix de Fernambourg, de couleur d'or, aprés que vous l'aurez bien concaſſé & briſé dans un mortier de fonte; mettez-le en infuſion pendant vingt-quatre heures, dans un vaſe de terre verniſſé, & faites-le boüillir en ſuite pendant un quart-d'heure; paſſez la liqueur par une toile neuve & bien forte, & remettez la liqueur ſur le feu; prenez en ſuite un autre vaſe, dans lequel vous aurez mis trois onces d'alun de roche en poudre, avec du vinaigre blanc, mettez cette liqueur d'alun dans l'autre, & remuez bien avec une spatule de bois sec; l'écume qui en sortira sera le carmin, que vous amasserez dans un vaisseau de verre pour le faire sécher.

AUTRE SECRET
pour faire le Carmin.

PRENEZ trois chopines d'eau de fontaine, versez-la dans un pot vernissé, mettez-y une demi once de graine de cohan, dont les Panachers se servent; c'est à dire bien pulverisée; laissez boüillir cette liqueur environ trois quarts-d'heure, jusqu'à la consumation du quart; il faut que le feu soit de charbon; coulez dans un plat vernissé cette liqueur à travers une toile neuve, faites-la chauffer, & au premier boüillon ajoûtez-y une once de cochenille, & un quart de rocourt, le tout pilé à part ; faites boüillir doucement le tout jufqu'à diminutiou de la moitié, & jufqu'à ce que la liqueur jette une écume d'un beau rouge foncé ; oftez-là pour lors de deffus le feu, femez-y deux ou trois pincées d'alun de roche, demi quart-d'heure aprés paffez cette liqueur par un linge neuf dans un vafe verniffé, ou bien diftribuez-la dans plufieurs taffes de verre, à repofer durant douze ou quinze jours, & vous verrez qu'il y viendra deffus une peau moifie, qu'il faut ofter avec une éponge ou une plume bien proprement, laiffez le refte expofé à l'air ; quand l'eau qui furnageoit aura efté toute évaporée, la matiere reftant bien féche, broyez-la sur un marbre à détrempe bien net, & passez cette poudre par un tamis fin ; & vous aurez ce que vous desirez, que vous garderez dans des novets de cuir ; la dose de rocourt plus forte, fait plus rouge ; plus de cochenille, fait plus cramoisi.

SECRET
Pour faire le plus bel Outremer.

PRenez demi livre du beau lapis, mettez-le calciner au feu, estant bien rouge, jettez-le dans du vinaigre distillé bien fort ; broyez-le sur la platine, ou escaille de mer, avec de l'eau de vie rectifiée, longtemps & à force ; laissez le tout en cét estat sur le marbre, pour l'incorporer avec le pastel qui suit.

Prenez un quarteron de cire

jaune, autant de terebentine, autant de resine, autant d'huyle de lin; faites fondre le tout ensemble à petit feu, & quand le tout sera fondu, & qu'il voudra commencer à boüillir, il sera cuit, alors il faut verser cette mixtion dans une écuelle vernissée, & voila voſtre paſtel; duquel vous prendrez pareille quantité que du lapis, pétriſſez-les enſemble juſqu'à ce qu'ils ſoient bien incorporez; laiſſez-les ainſi vingt-quatre heures; verſez en ſuite de l'eau deſſus, en pétriſſant cette matiere entre les mains, ayant au deſſous un vaſe de verre pour recevoir la liqueur de l'outre-mer; alors vous le verrez tomber goutte-à-goutte; quand cette écuelle ſera demi pleine, prenez-en une autre, & faites de meſme à trois ou quatre differents vaiſſeaux; le premier venu sera le meilleur outre-mer, & mesme demi-heure aprés que le plus grossier sera precipité au fond du vaisseau, la liqueur qui sera encore bleuë, pourra estre versée dans un, afin qu'estant reposée plus longtemps, on ait l'outre-mer le plus fin.

Si vous distillez ce qui reste de vostre paste dans un alambic, vous tronverez l'or en poudre au fond.

AUTRE SECRET
Pour faire un tres bel Outre-mer.

PRENEZ une livre du lapis-azuli, mettez-le calciner sur un brasier, & lorsque vous jugerez en le prenant avec des pincettes qu'il sera bien enflamé jusqu'en son milieu, jettez-le dans une terrine où vous aurez mis du vinaigre distillé; broyez en suite voſtre lapis, qui eſt tout en poudre par l'effort de la peneration du vinaigre ſur une platine, ou ſur une écaille de mer; eſtant bien broyé, vous meſlerez de cette poudre avec la compoſition qui s'enſuit.

Prenez une livre d'huyle de lin, mettez-la dans un plat de terre verniſſé ſur un réchaud, mettez-y dedans une livre & demie de cire neuve, avec demie livre de colophane, trois onces de terebentine, & demi livre de poix-raiſine; le tout eſtant bien fondu & incorporé, jettez cette mixtion ſur un marbre, ou une écaille de mer, ou ſur une platine de cuivre; en ſuite incorporez de cette poudre avec égale partie, ou un peu plus, de ladite poudre, paitriſſant bien avec les mains en pluſieurs ſens, juſqu'à ce que vous jugiez que

que le tout soit bien incorporé; ayez alors un vase plein d'eau, qui par un trou la laisse tomber goutte-à-goutte, sous laquelle ayant un vase, vous tiendrez vostre lapis entre les mains en sorte que l'eau tombe dessus; alors paitrissant la paste, il en sortira une eau bleuë qui sert d'outre-mer, que vous retirerez lorsque vous croirez en avoir assez du premier; en suite vous y mettrez dessous un autre vase, que vous changerez, si vous voulez en avoir de differens, jusqu'à quatre fois. La couleur qui se sera precipitée d'abord au fond, fera l'outre-mer grossier; & celle qui sera encore restée parmi les particules de l'eau, sera versée dans des verres; vingt-quatre heures aprés on trouvera au fond l'outre-mer le plus beau & le plus fin; on en peut faire de tant de differens en beauté qu'on voudra, jufqu'aux cendres qui eft le dernier que l'on tire; On remarquera que fi on n'en a pas befoin de tant, on peut en obfervant la proportion dans toutes les drogues, que l'on operera tout de mefme qu'avec cette quantité.

SECRET
Pour faire le Verd d'iris.

AU Printemps lorfque les Iris font en fleur, prenez-en une bonne quantité, & les épluchez, c'eft à dire les feüilles de la fleur, en leur oftant le verd & le jaune qu'elles ont à leur racine ; enfuite pilez-les dans un mortier de marbre, ou de bois qui ne foit point de noyer, parce qu'il ternit tout ; quand elles feront bien pi-

l'une & l'autre Architecture. 235

lées, exprimez-en le suc, que vous mettrez dans un vase avec de la poudre bien subtile d'alun de roche; ou bien avant de piler, mêlez-y de l'alun dissout dans de l'eau tiede, ce qui est plus seûr : si l'on veut un verd d'une teinte differente, avant d'exprimer le suc, il faut jetter un peu de poudre de chaux vive pardessus, & retourner, donner quelques coups de pilon; aprés quoy on en fera l'expression, qui donne un verd d'une teinte differente de celuy que nous venons de dire : On peut se servir au mois de Mars des fleurs des violettes des jardins, au lieu des fleurs d'iris; mais le verd n'en est jamais si vif.

SECRET
Pour faire le Bistre.

PRENEZ de la Suye de cheminée, que vous mettrez broyer avec de l'urine d'enfant longtemps sur un marbre, ou écaille de mer, en sorte qu'on puisse estre assuré que la molette l'a tres-bien broyé; ostez-le, & le mettez dans un vaisseau de verre comme une grande tasse, & remuez-le avec quelque chose, lorsque vous aurez rempli le vaisseau d'eau claire; laissant en suite precipiter pendant demi-heure le bistre le plus grossier; vous verserez la liqueur dans un autre vaisseau, & si vous desirez en avoir de tres-fin, vous aurez un troisiéme vaisseau, dans lequel vous mettrez reposer encore ce qui restera de la liqueur dont on aura tiré le biſtre le plus groſſier; le plus delié ſortira de cette troiſiéme liqueur, aprés l'avoir laiſſée en repos pendant trois ou quatre jours. C'eſt ainſi qu'il faut faire de toutes les couleurs dont on veut ſe ſervir en lavis, afin d'avoir des teintes qui ne faſſent point de corps ſur le papier, lequel ne feroit qu'un tres-mauvais effet à l'œil; & cette propreté, qui eſt l'ame du deſſein, ne ſe trouveroit point dans les ouvrages qui ſeroient colorez groſſierement; C'eſt à quoy il faut bien prendre garde.

SECRET
Pour faire un tres-beau rouge pour le lavis.

PRENEZ de la cochenille, que vous reduirez en poudre, & que vous mettrez infuser sur les cendres chaudes avec de l'eau de rose, jettez y dessus de l'alun en poudre, ou pour mieux dire de l'alun brûlé, & jetté tout chaud dans l'eau de plantin, & meslé dans la liqueur dans laquelle a esté dissoute la cochenille ; on aura un tres-beau rouge qu'on peut substituer au vermillon, qui a trop de corps, & qui ternit trop tost, à cause du mercure qui en fait la composition.

SECRET
Pour faire le bel Or de la Chine à écrire.

PRENEZ de l'or moulu, & pour chaque sequin, des dragmes de souffre fin broyé sur le marbre, puis allié avec l'or moulu, il faut mettre le tout dans un sac de cuir, pour le manier continuellement l'espace de deux jours: Cela fait, il faut laver ce qui reste avec de l'eau de chaux filtrée, puis retirer ladite eau par le filtre, & s'il n'est haut en couleur, il faut derechef le laver jusqu'à ce qu'on le trouve tres-beau pour l'appliquer: Il faut détremper du bol d'armenie avec de la colle de poisson, & former les les lettres que vous desirez dorer, & le laisser sécher; aprés quoy vous appliquerez vostre or avec de l'eau & de la colle de poisson, & estant sec vous le brunirez, ou le lisserez, avec la pierre de sanguine, ou la dent de loup.

SECRET
Pour faire l'Or moulu.

PRenez or de sequin, ou de ducat, que vous mettrez en

lames tres-deliées, & le couperez par petites pieces, puis vous jetterez cette matiere dans un creuset, que vous mettrez sur les charbons ardens ; comme il commencera à fondre, sur chaque sequin jettez-y des dragmes de mercure, & remuez avec un petit bâton, sans y mettre le nez dessus, en suite il faut jetter le tout dans l'eau froide ; l'or moulu se trouvera au fond, qu'il faut ramasser & mettre dans un sachet de cuir bien cousu, pour l'occasion.

Secret pour faire un beau Bleu, tres-propre au lavis à la place de l'Outre-mer, qui a trop de corps pour estre employé en lavis, & dont la cherté fait qu'on se sert de quelque mauvaise couleur à sa place.

PRENEZ en Esté une grande quantité des fleurs de bluets qui

qui viennent dans les bleds, selon la quantité de la couleur que vous voudrez faire; épluchez-en bien les feüilles, en leur ostant tout ce qui n'est point bleu; en suite ayez de l'eau tiede, dans laquelle vous jetterez de la poudre d'alun bien subtile; vous jetterez de cette eau dans un mortier de marbre, c'est à dire celle qui surnage, & qui est encore impregnée de l'alun, vous y mettrez vos fleurs épluchée, & avec un pilon de bois bien propre, ou mesme de marbre, vous pilerez long-temps, jusqu'à ce que vous en puissiez exprimer tout le suc, que vous passerez à travers une toile neuve, faisant tomber la liqueur dans un vase de verre; où vous aurez mis auparavant de l'eau gommée faite avec de la gomme arabique bien blanche, & vou aurez ce que vous desirez : Il faut remarquer, qu'il ne faut guere d'eau d'alun, à cause que l'excés rendroit la couleur trop forcée, & en emporteroit tout l'éclat: vous pouvez de la mesme maniere faire des couleurs de toutes les fleurs qui ont un grand éclat, observant de les piler avec de l'eau d'alun, afin qu'elles ne changent, ce qui se fait quelque fois au moindre attouchement. Afin de rendre ces couleurs portatives, on peut les laisser reposer à l'ombre bien couvertes, dans des vaisseaux de verre ou de fayance.

SECRET

Pour avoir une couleur verdâtre foncée, soit pour les fonds des portraits qu'on fait en miniature, soit pour le lavis sur le papier, dans les draperies & les terrasses.

PRENEZ sur la fin de l'Automne, une bonne quantité de tige d'hiebles, chargées de leur fruit bien meur; c'est justement dans cette saison qu'on en trouve; vous les laisserez pendant six ou sept jours dans une cave à se pourrir; lorsque vous connoistrez que les fruits le seront, vous en exprimerez le suc avec une toile neuve, le faisant tomber dans de l'eau d'alun, comme nous avons dit cy-devant; il ne faut point icy de gomme: Vous mettrez cette liqueur dans des godets de verre, ou de fayance, à l'air, mais non pas au Soleil, couvrant les godets de quelque chose qui soit au dessus en sorte que l'air y entre facilement, sans quoy tout se moisiroit ; vous aurez alors ce que vous desirez pour tout ce que vous aurez à laver d'un coloris verdâtre & foncé.

SECRET

Pour composer le vernis blanc, pour embellir les Estampes, & pour les entretenir toujours belles, en les couvrant d'un verre blanc.

PRENEZ trois onces de sandarax, deux onces de karabi, deux gros de gomme-lique en larme, deux gros de gomme de nitre, qu'il faut éplucher, & piler dans un mortier, à la reserve de la gomme de nitre qu'il faudra mettre par petits morceaux dans le matras, dans lequel il y aura une pinte du meilleur esprit de vin qu'on pourra trouver, & qu'on fera boüillir, aprés avoir bien bouché le matras, pendant l'espace de cinq heures; en suite on passera cette liqueur à travers un linge, qui par le moyen d'un entonnoir entrera dans une fiolle, que l'on bouchera bien avec le liege & la vessie de cochon: On se servira de ce vernis pour mettre des couches sur des Estampes; observant de laisser sécher la premiere, avant d'en mettre une deuxiéme; on en mettra deux seulement par jour, aprés que l'on en aura mis dix ou douze cela suffira, & l'on aura les Estampes d'une blancheur & d'une beauté extraordinaire; lorsque vos couches seront séches, vous pourrez encadrer vos

Estampes avec un verre blanc par dessus, afin de les preserver de la poussiere & du mauvais air.

SECRET
Pour imiter avec une Estampe, la peinture sur le verre.

PRENEZ un verre blanc de la grandeur de vostre Estampe, & mettez-y dessus deux couches de vernis, que vous ferez en cette maniere.

Prenez quatre onces de terebentine de Venise, une once & demie d'esprit de vin, une once & demie d'esprit de terebentine, deux gros de mastic en larmes, faites boüillir le tout dans un pot vernissé l'espace d'une heure, & l'appliquez lorsqu'il sera froid sur le verre; la premiere couche estant presque séche, vous en mettrez une seconde; en suite lorsque celle-cy sera presque séche, on couche l'Estampe dessus bien proprement, l'ayant auparavant preparée en cette sorte.

Prenez de l'eau-forte dans un plat, ou quelqu'autre vase de terre, ou de verre, assez grand, & son fond assez de niveau & uni pour contenir l'Estampe du costé de la graveure flottante sur l'eau-forte, puis vous l'essuirez entre deux linges bien doucement, & vous la laverez en suite dans deux ou trois eaux claires, & l'essuirez avec un linge, comme nous venons de dire, aprés quoy vous l'appliquerez sur le verre, faisant en sorte qu'elle y soit collée également par tout, en sorte qu'il n'y ait aucun pli ny éleveure de papier, ce qui gâteroit tout; alors vous tremperez le bout du doit,

& humectant l'Estampe par derriere, vous en ferez sauter le papier avec le bout du doit en frottant, & il ne restera que l'impression, sur laquelle vous pourrez peindre par derriere avec des couleurs à huile les plus vives & les plus legeres, ou mesme avec des couleurs dont les Vitriers, qui peignent en recuire, se servent avec la gomme, ce qui a plus d'éclat ; & vous aurez le plaisir d'avoir des peintures que la poussiere ny rien ne pourra gâter ; il ne faut pour cela sçavoir ny dessiner ny peindre, ce qui est bien propre à ceux qui n'ont jamais appris cét Art, & qui ont passé l'âge de l'apprendre.

AUTRE SECRET

Pour peindre une Estampe collée sur le verre, avec la maniere de l'y poser.

PRENEZ un verre de la grandeur de l'Estampe que vous y voulez mettre dessus du costé de l'impression; faîtes chauffer vostre verre, afin que la terebentine de Venise que vous y mettrez dessus, s'étende à vostre gré auprés du feu; quand vous verrez que le verre sera par tout également couvert de terebentine, appliquez-y l'Estampe, en l'étendant avec précaution & propreté; laquelle Estampe vous aurez auparavant fait boüillir un demi-quart d'heure, ou environ, dans l'esprit de vin; quand le verre sera refroidi, vous moüillerez le bout du doit, en raclant doucement sur le papier de l'Estampe; que vous enleverez, n'y restant que le trait de l'impression; il faut en suite prendre de la terebentine, quatre fois autant d'esprit de terebentine, mettant le tout dans un matras, & faisant boüillir le tout l'espace d'un bon quart-d'heure au bain-marie; puis en coucher dessus le derriere de l'Estampe legerement, une ou deux couches suffiront; aprés quoy, vous y pourrez appliquer les couleurs dont on se sert en recuite, & vous aurez des peintures semblables à celles qui sont sur les verres, d'un grand gout, parce que vous vous servirez de belles Estampes à peu de frais; & sans donner un coup de crayon.

 Ceux qui n'ont point de temps, & qui ne sçauroient jamais dessiner trait pour trait, ou par reduction de grand en petit, ou de petit en grand, n'ayant point assez de patience, ny de principes, pour deſſiner en cette maniere, pourront paſſer leurs momens de divertiſſement, à calquer de belles Eſtampes ſur un papier blanc, où n'auront plus qu'à ombrer de la meſme maniere qu'ils le verront dans une Eſtampe bien finie, c'eſt gagner beaucoup; car enfin, le grand Art conſiſtant dans la correction du deſſein, & non pas dans les ombres, qu'on ſçaura donner à toutes ſortes d'objets, aprés quelque pratique; on aura le plaiſir, tout copiſte qu'on ſera, de n'avoir rien que de bon à montrer: Voicy comment il faut s'y prendre; Il faut avoir de la mine de plomb, qui eſt un crayon de la couleur du plomb, meſme du plus fin que l'on pourra trouver, dont on frottera un papier par tout d'un costé, en sorte que le papier soit par tout de la couleur du crayon, ce qui arrivera si on le frotte du susdit crayon en plusieurs sens, & à plusieures reprises; en suite, afin de ne crassir & de ne point gaster l'Estampe, on tourne le papier du costé qu'il est blanc, qu'on applique sur le l'Estampe qu'on veut contre-tirer, ou calquer; le papier sur lequel on on veut marquer, s'appliquera contre le costé de celuy qui est frotté de crayon, ces trois feüillets estans dans cette disposition, l'image dessus le papier sur lequel on veut marquer dessous, & celuy qui est frotté de crayon au milieu; son costé crayonné, sur le papier sur lequel on veut mar-le dessein; On prendra en suite

l'une & l'autre Architecture. 253

une éguille, ou une pointe émoussée, une éguille de teste y est fort propre; ayant arresté par des pincettes l'Estampe, avec les deux autres feüillets, ou avec des épingles, en sorte qu'ils ne puissent point bouger, ce qui gâteroit tout; il faut en coulant & appuyant doucement passer l'éguille sur tous les traits de l'Estampe, en pressant & allant par ordre, avec une regle qu'on met de travers, afin de n'oublier aucun trait; & quand on aura achevé de passer par tout, on verra un contour semblable à celuy de l'Estampe parfaitement copié, avec d'autant plus de correction, qu'on aura pris de soin, en passant la pointe, de ne point sortir du contour de l'Estampe: Cela estant fait, on pourra passer en suite un trait avec de l'encre de la Chine au pinceau, ou bien avec la plume legerement, sur tout ce qu'on trouvera marqué en crayon: aprés quoy on dégraissera le papier avec de la mie de pain blanc rassis, qui enlevant tout le trait du crayon, ne laissera que le dernier qu'on aura marqué avec de l'encre; en suite de quoy on pourra ombrer en lavant d'encre de la Chine, ou de couleur, selon les regles que nous avons déterminées, chacun s'en pouvant faire à sa fantaisie, c'est à dire la teinte plus forte ou plus foible, lorsque l'on aura pratiqué quelque temps la maniere de colorer selon nos principes.

Afin que l'on s'accoûme à sçavoir tirer les traits sans sortir du contour de l'Estampe, ce que tout le monde ne sçauroit faire d'abord; il faut preparer un papier, ou plusieurs, du plus delié, & du plus fin qu'on pourra trouver chez le papetier, avec de l'esprit de terebentine, ou huile de terebentine, meslée avec de l'huile de noix, deux fois plus d'huile de noix que d'esprit de terebentine; en suite avec une éponge, ou une plume, on en imbibera le papier, qu'on laissera sécher pour s'en servir en cette sorte : Mettez une feüille de ce papier sur une Estampe, vous verrez d'abord à travers jusqu'aux moindres traits, prenant un crayon, ou une plume, tâchez de passer sur tout le contour de cette Estampe avec propreté, & mesme d'ombrer de la mesme maniere que vous voyez que l'Estampe est ombrée ; vous ne pouvez manquer, aprés quelque pratique, de vous faire la main, non-seulement pour calquer avec propreté, mais mesme à dessiner avec hardiesse, si l'on a que memoire, ce qui n'est pas à negliger par ceux qui travaillent à l'education des personnes de qualité, dont le feu de la jeunesse leur oste souvent une partie de l'attention, & de la patience qu'il faut, pour apprendre par une routine tres-longue le dessein, qui ne manque point de les rebuter dés le commencement; & cela n'arrivera point icy, où tout d'un coup ils auront le plaisir de copier des morceaux, qui estant passables, leur donneront l'envie d'aller plus avant, & d'employer quelques momens à apprendre un art dont la possession est une des plus belles qualitez qu'un Gentilhomme puisse avoir. On trouvera dans les Cartes cy-jointes tous les traits de compas, & toutes les figures de Geometrie representées en perspective

spective, avec tous les morceaux qui se trouvent dans l'Architecture militaire ; de sorte qu'avec le Livre, & une de ces Cartes, un jeune Gentilhomme en apprendra plus dans un mois, que dans un an par les manieres ordinaires ; sans compter qu'ayant par avance une teinture considerable de toutes les choses, lorsqu'il entrera dans une Academie, ou qu'il ira servir, il sera déja tout fait aux difficultez que l'on trouve dans les Matematiques ; quand on n'a point oüi parler des principes d'une science si utile aux personnes de qualité.

F I N.

TABLE

DE TOUS LES SECRETS
contenus en ce Livre, pour faire les Couleurs.

Pour faire la bonne encre à deſſiner & pour écrire. page 220

Pour faire de tres-bonne encre ſans noix de galles, laquelle peut ſervir à laver des plans & autres deſſeins, auſſi bien qu'à tirer des lignes tres-vives. 221

Pour faire la couleur d'eau, dont on lave les eaux mortes dans les plans. 222

Pour faire de tres-bonne encre de la Chine 225

Pour faire le Carmin à peu de frais. 226

Pour faire le Carmin. 227

TABLE.

Pour faire le plus bel Outre-mer. 229

Autre Secret pour faire un tres bel Outre-mer. 231

Pour faire le Verd d'iris. 234

Pour faire le Biſtre. 236

Pour faire un tres-beau Rouge pour le lavis. 237

Pour faire le bél Or de la Chine à écrire. 238

Pour faire l'Or moulu. 239

Pour faire un beau Bleu tres-propre au lavis à la place de l'Outre-mer, qui a trop de corps pour eſtre employé en lavis, & dont la cherté fait qu'on ſe ſert de quelque mauvaiſe couleur à ſa place.

Pour faire une couleur verdâtre foncée, ſoit pour les fonds des portraits, qu'on fait en miniature, ſoit pour le lavis ſur le papier, dans les draperies & les terraſſes. 243

Pour compoſer les vernis blanc pour embellir les Eſtampes, & pour les

TABLE.

entretenir toûjours belles, en les couvrant d'un verre blanc. 244
Pour faire que la Terre d'Ombre puisse estre employée en lavis. 201
Pour imiter avec une Estampe la peinture sur le verre. 246
Pour peindre une Estampe sur le verre, & la maniere de l'y poser. 249

Fin de la Table.

Planche 1ᵉʳᵉ

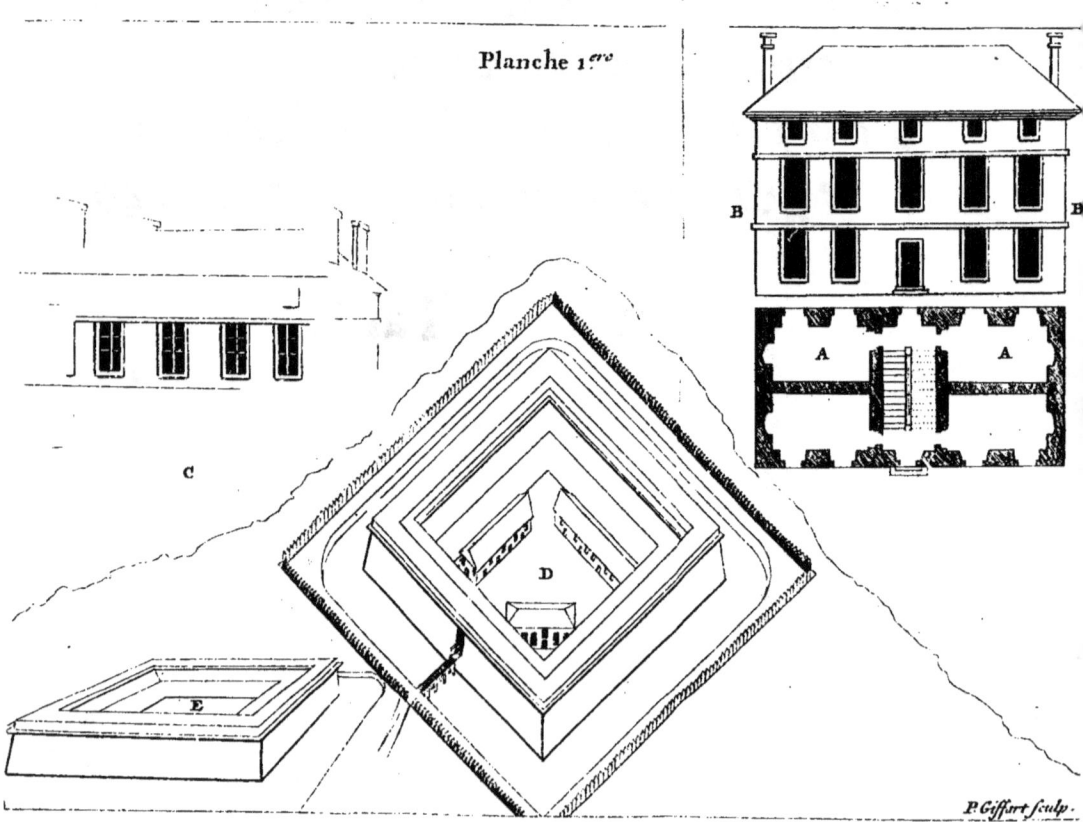

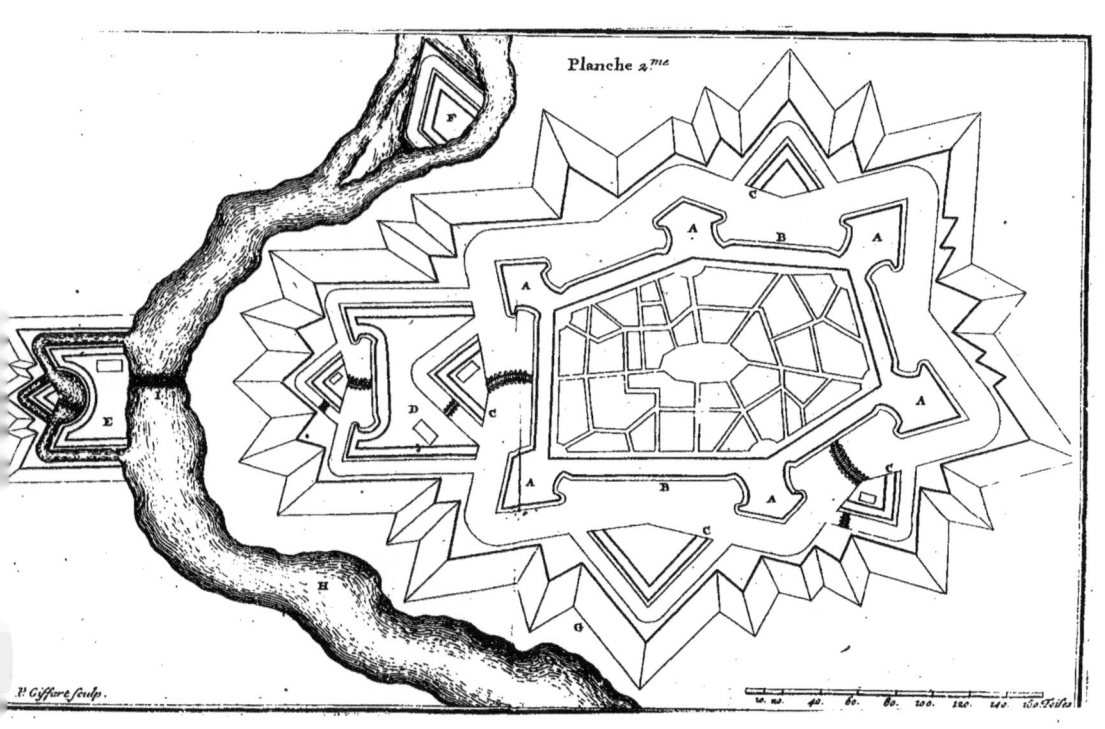

www.ingramcontent.com/pod-product-compliance
Lightning Source LLC
Chambersburg PA
CBHW050322170426
43200CB00009BA/1417